DXに必須 プロセスマイニング活用入門

ファクトベースの業務改善を実現する

松尾順 MATSUO jun ［著］

東京 白桃書房 神田

なぜ、プロセスマイニングがビジネスプロセス改善・改革手法として有効なのか？

プロセスマイニングは１９９９年、オランダのアイントホーヘン工科大学（*Eindhoven University of Technology*）において研究が開始された、「ビジネスプロセス」を〝見える化〟（可視化）する分析手法です。ビジネスプロセスを把握するために従来行われてきた現場担当者へのインタビュー（ヒアリング）や、ワークショップ、観察調査と異なり、業務システムのＤＢに記録されているトランザクションデータ（イベントログ）を分析対象とします。

プロセスマイニングのために開発された専用ツールでは、ビジネスプロセスの手順を自動的にフローチャート化してくれる「プロセス発見機能」をベースに、さまざまな分析機能が拡張されてきています。

プロセスマイニングを活用することによって、企業（組織）は、ビジネスプロセスの現状（as is）を把握できます。そして、プロセスにひそむ非効率な手順や業務が滞留しているボトルネックの発見が可能です。そして、あるべき理想（to be）へと現状のビジネスプロセスを改善していくことができます。

プロセスマイニングは、ＩＴシステムを通じた業務遂行記録であるイベントログを対象として、基本的に、分析対象期間の全データを分析します。したがって、現実のビジネスプロセスを忠実に再現できる点が最大のメリットであり、ビジネスプロセス改善・改革に大いに役立つと期待されています。

さらに、このところプロセスマイニングは、ＤＸ（デジタルトランスフォーメーション）を推進するために必須のソリューションだと言われるようになってきました。なぜなら、ＤＸを推進することが確実な経営成果に結びついているかどうかを、データに基づくファクトベースで検証可能だからです。しかも、改善後も、新たに生まれてくる問題点を迅速に発見してその解消に取り組むサイクルを回し続けること、すなわち「継続的プロセス改善」をプロセスマイニングは容易にするからです。

DXの一環として「RPA（*Robotic Process Automation*）」を導入する場合も、やみくもに自動化を図るのではなく、プロセスマイニング分析によりビジネスプロセス全体の可視化を図ることで、そのなかでRPA適用が最適と考えられる箇所を的確に見出すことができます。プロセスマイニングの活用によって、RPA自動化の費用対効果を最大限に高めることができるというわけです。

さて、本書の第一部では、プロセスマイニングの概略から歴史、基本的な分析アプローチ、そして具体的な導入事例まで、分析手法としてのプロセスマイニング自体を理解してもらえるような内容としました。

続く第二部では、プロセスマイニング活用の主目的である「プロセス改善・改革」の取り組み方について、ＢＰＭ（*Business Process Management*）のアプローチに基づいて解説し、そのなかにプロセスマイニングをどのように組み込んでいくかを解説しています。

本書は、ビジネスパーソン全般の幅広い層を想定しており、学術的な議論や、難しい数式などは他の専門書に譲っています。プロセスマイニングはまだよく知らないという方も念頭に置き、ビジネスの現場で役立つ実践的な知識・スキルとしてプロセスマイニングを平易に解説しました。

プロセスマイニングは、業務の履歴が何らかのデータとして取得できるのであれば、購買、販売、サービスはじめ、あらゆる部署のさまざまなプロセスが分析可能です。したがって、プロセス改善・改革に取り組みたいすべてのビジネスパーソンにお役に立てると思います。また、管理・経営層の方には、プロセスマイニングを自社の日常業務の欠かせない要素として定着させるために、どのような取り組みが必要かを考えるヒントにもなりえるでしょう。

プロセスマイニングは最新のテクノロジーを活用するものではありますが、実のところ、

ＴＱＣ（*Total Quality Control*）をはじめ、日本の伝統的なビジネスプロセス改善の取り組みと組み合わせることによって、最大のリターンを得ることができるということを本書によってご理解いただければ筆者としてこれに勝る喜びはありません。

なお、プロセスマイニングの入門ｅラーニングコースをUdemyで提供しています。ご興味あれば、本書と併せてぜひご受講ください。

プロセスマイニング実践入門 — Introduction to Process Mining in Practice
https://www.udemy.com/course/introduction-to-process-mining-in-practice/

Contents

第一部

プロセス
マイニング
の基本

1章

プロセスマイニングとは？

業務システムのＤＢに蓄積されたイベントログから
ビジネスプロセスを見える化する新しい分析方法、
プロセスマイニングの概略と歴史を紹介します。
ビジネスプロセスだけでなく、幅広い分野に適用できる
ＤＸ時代に不可欠の方法論です。

1　プロセスマイニングの概略

プロセスマイニングは、端的には「業務分析」のためのデータ分析手法であると言えます。業務分析は、現在の業務に関するさまざまな情報やデータを収集し、分析して、現状の仕事

の進め方や運営体制など、業務遂行の仕組みや因果関係などを把握する活動を意味します。

プロセスマイニングは、業務分析が対象とする幅広い業務のうち、主に「ビジネスプロセス」を分析対象とします。というのも、プロセスマイニングは、元々は「BPM(*Business Process Management*、ビジネスプロセスマネジメント)」の枠組みにおいて、現状(*as is*)のビジネスプロセスを明らかにするための分析手法として誕生したものだからです。

従来の業務分析では、業務に関わる情報やデータの収集は、主に各種システム仕様書やマニュアルなどの業務関連書類の閲覧、現場担当者へのヒアリングやワークショップ、またストップウォッチでの時間計測や、ビデオなどの録音・録画機器を利用した観察調査などを通じて行います。

一方、プロセスマイニングが分析するのは、「イベントログ」と呼ばれるデジタルデータです。イベントログは、業務遂行に利用される各種ITシステムに記録されているシステム、アプリケーションの操作履歴データ(主にトランザクションデータと呼ばれる)の総称です。

具体的には、資材調達に関わるシステム(購買システム)であれば、「調達申請」や「調達申請の承認」「見積の依頼」といった調達業務に関わるさまざまな操作が、年月日時分などのタイムスタンプとともにデータとして記録されています。こうした記録は、システム操作で発生する「イベント」と呼ぶことができるので「イベントログ」と総称されているわけですが、プロセスマイニングでは、各種ＩＴシステムからイベントログを抽出して分析対象とします。

イベントログデータの抽出元となるのは、典型的には、ＳＡＰ、ＯＲＡＣＬＥなどの「ＥＲＰ（*Enterprise Resource Planning*）」や、「ＣＲＭ（*Customer Relationship Management*）」システムです。こうしたシステムから抽出されるイベントログデータの容量は、時に数十～数百ギガとなることから、プロセスマイニングは「ビッグデータ分析」の一種であるとも言えます。もちろん、プロセスマイニングが分析するイベントログの規模は、必ずしもビッグデータとは限りませんが、プロセスマイニングにおいて、ビッグデータを扱う場合には、分析処理スピードなどを担保するための分析処理用サーバの適正スペックの検討など、テクニカルな問題が浮上します。

また、マイニングという言葉から連想できるように、「データマイニング」の一種であると考えることも可能です。ただし、データマイニングが、多種多様な分野のあらゆるビッグデータを取り扱う汎用的な分析手法であるのに対し、プロセスマイニングは、文字通り「プロセス」に焦点を絞っている点が異なります。

さて、プロセスマイニングが近年大きな注目を集めている最も大きな理由としては、ビジネスプロセスの把握、言い換えると「可視化（見える化）」のために、ヒアリングやワークショップといった断片的で主観的な情報収集方法と違って、ＩＴシステムから抽出されたイベントログを分析することにより、ファクトに基づく客観的なビジネスプロセスの可視化が容易に、かつスピーディに行える点が挙げられます。

とりわけ、タイムスタンプを取り込んだ「時系列分析」を行うことで、あるプロセスの開始から終了までの総所要時間＝スループットは平均何日何時間何分なのか、また、「調達申請」や「見積依頼」などの個々のアクティビティ（プロセスマイニングの分析においては、イベントのことを「アクティビティ」と呼びます）の処理時間は何日、何分なのか、またアクティビティとアクティビティの間の移行時間＝待ち時間は何日、何分なのか、といった業務効率を測定するための数値が計算できます。こうしたファクトベースのプロセス可視化は、業務改善の対象となる問題箇所を把握するために非常に有効です。

従来の業務分析は、ヒアリングやワークショップを通じての「事情聴取」であり、業務の遂行手順は把握できるとしても、スループットやアクティビティごとの処理時間や、アクティビティ間の待ち時間を把握することは簡単ではありません。もし、こうした時間を人力で測定するとしたら、ストップウォッチを手にして現場に立ち、それこそ何時間も観察調査を行うしかなく、大変な手間とコストがかかります。しかも、調査件数はせいぜい数十〜数百件のサンプル調査です。

一方、プロセスマイニングでは、ＩＴシステムから、数十万〜数百万件のイベントログをごっそり取り出すため、実質的な全数調査であり、極めて現実に近い現状把握が可能になるというわけです。

1　全体像

では、改めて、プロセスマイニングの全体像を概説しましょう。

まずは、全体像（**図1-1**）の左上から。私たちが働く現実の世界では、会社の場合なら、組織としての形態があり、基本的にはオフィスに集まって業務を遂行します。もちろん、自宅やサテライトオフィスなど、リモートワークの場合もあります。働く場所がどこであれ、各スタッフはそれぞれの役割を果たすために何らかのビジネスプロセスを同僚・上司と協働し

図1-1 プロセスマイニングの全体像

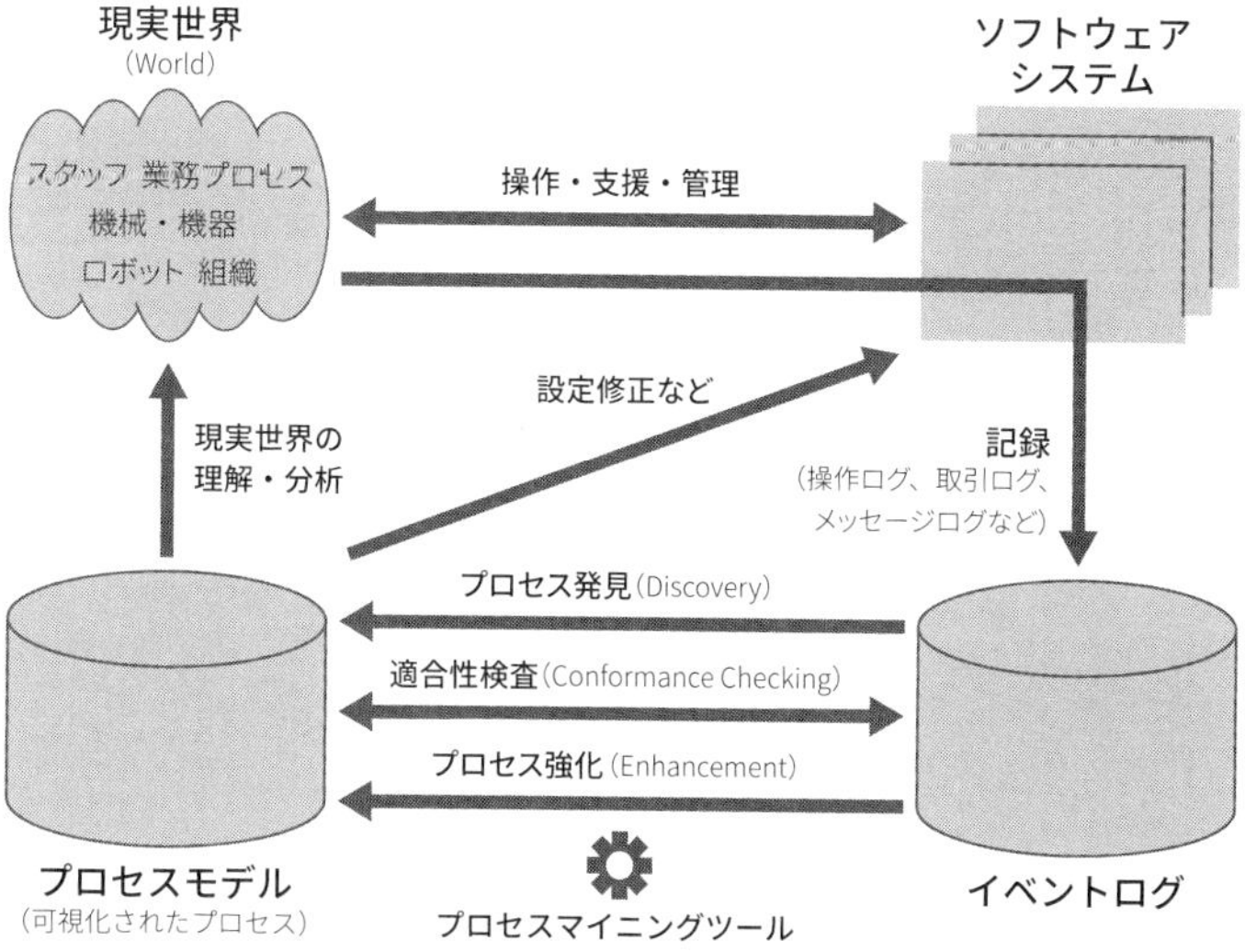

ながら行っているわけです。

業務を行うにあたっては、事務作業ではＰＣ、また工場では各種機械・機器を操作しているでしょう。働いているのは生身の人間だけとは限りません。生産現場では組み立てを行うロボットが動いているでしょうし、事務作業では、ＲＰＡが導入され、定型業務や繰り返し業務を人に代わって行ってくれるソフトウェアロボットが稼働しています。

私たちが現実世界においてどのような部門でどんな業務を行っていたとしても、現代はコンピュータ化、デジタル化が進んだおかげで、何らかのソフトウェアが、システム上で業務を遂行することが増えています（図の右上）。

経理や購買など、バックオフィス系業務の多くは、今はＳＡＰに代表されるＥＲＰのシステム上で行われています。また、営業系ならＣＲＭ、マーケティング系ならＭＡ（*Marketing Automation*）と呼ばれるソフトウェアツール（これらのほとんどはSaaSで利用可能です）が活用されています。

これらの業務システムは業務の流れをデジタルに処理していますが、ほとんどのシステムには、履歴を確認できるよう「ログ」が記録・蓄積されています。基本的には、修正・更新などを含む詳細な操作を漏れなく記録しており、ソフトウェアの種類によって、操作ログ、取引ログ、メッセージログなどと呼ばれています。記録する単位が「イベント」であるため総称して「イベントログ」と言います（図の右下）。

プロセスマイニングでは、このイベントログを業務システムから抽出して分析を行うのです。分析の基本アプローチとしては、次の３つがあります（現在は、後述する「運用サポート」を含む４つのアプローチが一般的になってきました）。

- **プロセス発見**
- **適合性検査**

● プロセス強化

＊プロセス発見

現状プロセス（as isプロセス）を自動的にフローチャートとして描きだすものです。フローチャートとして見える化された現状プロセスをさまざまな視点で分析し、非効率なプロセス、ボトルネックなどを特定します。プロセス発見は、プロセスマイニングの根幹となる分析です。

＊適合性検査

プロセス発見によって把握した現状プロセスと、標準として準拠すべき理想プロセス（to beプロセス）との比較分析を行い、理想プロセスを正としたときの現状の逸脱や違反を特定するものです。

＊プロセス強化

プロセス発見、および適合性検査で特定した問題箇所を是正し、より優れたプロセスへと改善を図る取り組みです。

プロセスマイニングの分析手法は、まずは「プロセス発見」、すなわちイベントログに基づくビジネスプロセスの可視化からスタートしましたが、研究が進展するにつれ、適合性検査をはじめ、さまざまな分析手法が開発されており、より有益な知見を得ることができるようになっています。

図1-2　プロセスマイニングとタスクマイニングの根本的な違い

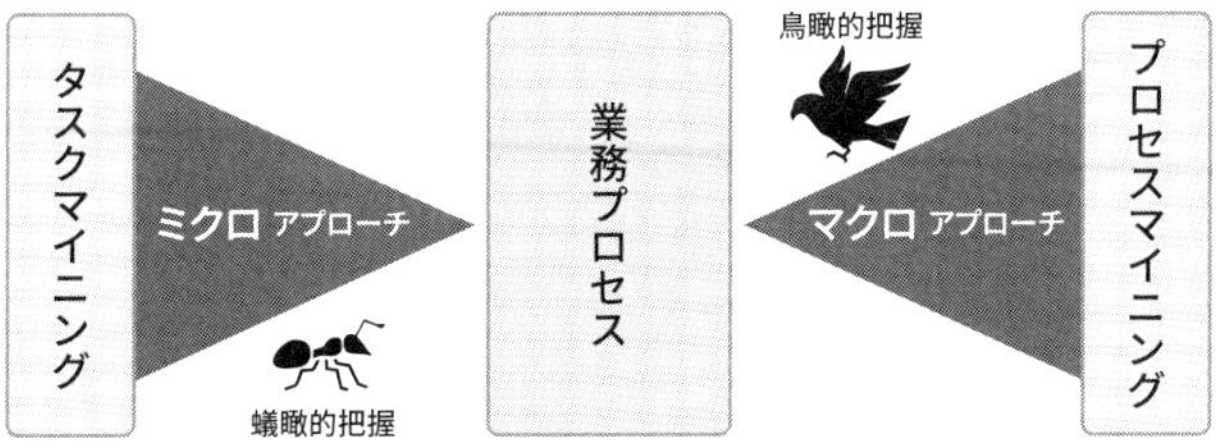

2　タスクマイニング

プロセスマイニングの兄弟分と言える分析手法が「タスクマイニング」です。タスクマイニングは、ERPなどのITシステムから抽出したイベントログデータではなく、PC上で行われた、エクセルやメールソフト、ブラウザによるWebベースのアプリ等の操作ログを分析対象とするもので、プロセスマイニングとは補完的な関係にあります。

すなわち、どちらもビジネスプロセスを分析対象としますが、プロセスマイニングがマクロなアプローチ、言い換えると鳥瞰的視点（*Bird's eye view*）で業務の流れをざっくり把握するのに対し、タスクマイニングはミクロなアプローチ、すなわち詳細な業務手順を虫メガネで覗くような蟻瞰《ぎかん》的視点（*Ants' eye view*）で把握するという根本的な違いがあります（**図1−2**）。したがって、前述したように、両者を補完的に活用することが望ましいでしょう。

次ページの**表1−1**にて、「プロセスマイニング」と「タスクマイニング」の違いを簡潔に示します。

表1-1　プロセスマイニングとタスクマイニングの主な違い

	プロセスマイニング	タスクマイニング
目的	複数の部門間、複数のユーザーが関与する複雑な業務プロセスの問題を発見する	個別ユーザーのPC操作に関わる問題を発見する
分析データ	ERP、CRMなど、各種業務システム上で行われる操作の履歴ログ（システムに組み込まれている操作履歴のみ）	ユーザーのPC操作履歴ログ。エクセルなどのアプリ操作だけでなく、コピー＆ペーストや、入力された文字列、キーボードのキーストロークなども記録されたデータ
典型的な分析対象プロセス	購買プロセス（P2P）、受注プロセス（O2C）など	手作業によるデータ反復入力、複数アプリに亘るデータ転記作業など
データ収集	業務システムのデータベースから分析対象データを抽出する	分析対象PCに、センサーをインストールしてPC操作を随時収集し、専用サーバに蓄積したものを抽出する
分析機能	プロセスマイニング固有のアルゴリズムによって、プロセスフローチャートを自動生成する機能を核に各種分析機能を備える	BI的なデータ集計機能を備えている。しかし、プロセスマイニング固有のアルゴリズムを搭載しておらず、フローチャートは生成できない※
課題	システムに組み込まれている操作履歴だけでは、データ粒度が粗く、詳細なプロセスを把握することが難しい	PC操作ログデータは粒度が細かく、前処理のデータクリーニングに手間がかかる
関連性の高いシステム	BPMS - Business Process Management System	RPA – Robotic Process Automation

※タスクマイニングツールで収集したPC操作ログをプロセスマイニングツールにアップロードすることで、フローチャート自動生成を行うことができる

2 プロセスマイニングの歴史

プロセスマイニングは、2019年に20歳の誕生日を迎えた若いテクノロジーです。ここでは、プロセスマイニングの歴史を紹介します。

プロセスマイニングの生みの親は、〝プロセスマイニングのゴッドファーザー〟と呼ばれる、オランダ人のウィル・ファン・デル・アールストWil van der Aalst氏(RWTHアーヘンArchen大学教授、以下、アールスト氏)です(写真1-1、次ページ)。コンピュータサイエンティストとして世界的に著名なアールスト氏の主要専門分野は、情報システム(IT)、ワークフローマネジメント、プロセスマイニングであり、アーヘン大学では、プロセス・データサイエンスグループを率いています。

アールスト氏は1990年代後半、オランダのEindhoven University of Technology(以下、TUe)においてワークフロー、ワークフローマネジメントを研究するなかで、当時のビジネスプロセスを把握するための手法、すなわち担当者に対するヒアリングやワークショップな

写真1-1　ウィル・ファン・デル・アールスト氏

どでは、主観的で断片的な情報に基づく、不完全なプロセスモデルしか描けないことに問題を感じていました。一方で、１９９０年代は、ＳＡＰ社のＥＲＰをはじめとする業務システムが普及しつつあり、企業・組織のさまざまな部門における業務の多くがＩＴシステム上で行われるようになっていました。

そこでアールスト氏は、ＩＴシステムに記録されている操作履歴、すなわちイベントログから、ビジネスプロセスが再現可能ではないかというアイディアを着想しました。アールスト氏によれば、「プロセスマイニング」という言葉を初めて使用したのは、１９９８年に書いた研究計画書だったとのこと。そして、アールスト氏はプロセスマイニングの研究に１９９９年から本格的に取り組み始めます。したがって、1999年がプロセスマイニングの誕生年であり、生誕の地はオランダ、ということになるでしょう。その後、2000年代初頭からは、アールスト氏が在籍していたTUeを中心に、欧州の大学で学術研究が活発に行われてきました。

当初、イベントログからプロセスモデルを再現するためのアルゴリズムとしては、「アルファアルゴリズム」が用いられました。ただ、アルファアルゴリズムには、プロセスの再現性においていくつかの制約があったことから、その後、より信頼性の高いプロセスモデルを表現するために、「ヒューリスティックマイナー」や「インダクティブマイナー」など、さまざまなアルゴリズムが開発されています。

2004年には、オープンソースのプロセスマイニングツール、「ProM」の最初のバージョンが開発されています。ProMは現在もバージョンアップを重ねており、主に大学での研究に用いられています。研究に用いられるだけあって、最先端のアルゴリズムや新たな機能がプラグインとして次々と提供されている点がProMの特徴です。ただ、あくまでオープンソースであり、操作の安定性が保証されているわけでもなく、またサポートもありません。

現在は存在していませんが、2007年には初めてのプロセスマイニングの会社、Futura

写真1-2　Fluxicon創業者、アン・ロジナット氏（左）、クリスチャン・W・ギュンター氏

社が設立されました。プロセスマイニングを専門とする会社が次々と誕生するのは2009年からです。2009年にはProcessGold（2019年にUiPathが買収、現在はUiPath Process Mining）が設立されました。また、アールスト氏の下でプロセスマイニングを研究し、博士号を取得したアン・ロジナットAnne Rozinat氏、クリスチャン・W・ギュンターChristian W. Günther氏は、卒業後、2010年にFluxiconを設立、プロセスマイニングツール、「Disco」を開発しています。2011年には、現在業界をリードするセロニスCelonisが誕生しています。

こうして、2009年以降、新たなプロセスマイニングツールが次々と市場に登場するなか、欧州においてプロセスマイニングの認知度・理解度を高めることに最も貢献したのは、プロセスマイニングのゴッドファーザー、

図1-3　International Conference on Process Miningのロゴ

アールスト氏に加えて、「Process Mining Camp」という年次イベントを２０１２年から開催してきた前述のFluxicon社、アン・ロジナット氏、および共同創業者のクリスチャン・W・ギュンター氏だと言えるでしょう（**写真1-2**）。

　アールスト氏は、２０１１年にプロセスマイニングに関する初めての著作『Process Mining: Data Science in Action』（現在は２０１６年版。２０１６年版の日本語版が２０１９年インプレスから刊行）を出版、また２０１４年には、オンライン学習プラットフォーム、Courseraにて、当著作と同じタイトルのMOOC、すなわちeラーニングコースを開発、提供を開始しています。当eラーニングコースは、これまでに世界中で数万人が受講しており、プロセスマイニングの基本的な知識・ノウハウを世界各国に広めることに寄与しています。

　欧州においてプロセスマイニングが本格普及期に入ったのは、

２０１５年頃からです。２０１８年以降はＲＰＡに続く、大きな成長分野として注目が高まりました。２０１９年には、国際的なプロセスマイニングコンファレンス、「International Conference on Process Mining 2019」がドイツのアーヘンで初めて開催されました（**図1-3**）。２０２０年10月には、オンラインにて同コンファレンスが開催されました。

欧州以外のエリアでは、ProMと同じく、オープンソースのプロセスマイニングツール、「アプロモーレApromore」が開発されたメルボルン大学の研究者を中心にオーストラリアでの取り組みが活発です。

米国、および日本では、ともに２０１９年からプロセスマイニングが本格的に紹介され始めました。日本では、インプレスが主催した「プロセスマイニングコンファレンス２０１９」が２０１９年９月に初めて開催され、約５００人の参加者を集めて、関心の高さを示しました。アジア全般ではまだまだ取り組みはこれからというところですが、韓国ではアールスト氏の下で学んだ研究者が開発した「プロディスカバリProDiscovery」を有するPuzzle data社が、韓国企業におけるプロセスマイニング導入実績を積み重ねています。

日本市場で存在感が大きいのは、セロニスとマイインヴェニオmyInvenioの２つのツールですが（本稿執筆時点）、アビータイムラインABBYY Timelineやシグナビオ Signavioも日本での展開に積極的に取り組んでいます。今後もさまざまなプロセスマイニングツールが日本に紹介され同市場が拡大していくことは間違いないでしょう。

2章

プロセスマイニングはなぜ必要か

サービス化の進展・デジタル化の進展に伴い
プロセスマイニングの分析対象となるデータは
さまざまな形で大量に生成されています。
プロセスマイニングは、経費削減、顧客満足度向上などに加え、
分析そのものの期間・経費の圧縮効果も高いのが特徴です。

1 プロセスマイニングが活用される背景

プロセスマイニングが企業にとって価値があり、またＤＸ推進に必須と言われるようになってきた、ビジネスを取り巻く環境変化について解説します。まず、社会全体の大きなトレンドとして挙げたい環境変化が２つあります。サービス化による「サービスエコノミー」、そ

して、デジタル化による「デジタルエコノミー」の進展です。

1 サービスエコノミー――サービス化

これまでの経済発展を支えてきたのは、主に製造業による、さまざまな製品の大量生産・大量販売でした。優れた製品を大量に効率よく生産して、製造単価を引き下げ、主に卸、小売チャネルを通じて大量販売していく――。メーカーにとって重要なのは、高品質な製品を開発・製造し、出荷することであり、消費者に届けるプロセスは流通業の役割。また、購入された製品は個々の家庭、消費者が文字通り自由に利用し、消費するもの。故障時の対応はもちろん行うものの、製品の利用・消費、そして廃棄プロセスについては、メーカーはあまり重視してこなかったのです。

しかし、製造業以外のさまざまなサービス産業が勃興し発展するなかで、また製造業同士の競争も激化するなかで、製品に関連したサービス（製品の設置、保険、利用法、適切な廃棄方法を教えるコンテンツを提供するサービスなど）を併せて提供する企業が増えてきました。すなわち、モノとしての製品単体ではなく、さまざまなサービスなども含む「トータルソリューション」を提供するアプローチです（ちなみに、トータルソリューションのことをマーケティングでは「ホールプロダクト（全体としてのプロダクト）」と呼びます）。

さらに近年は、製品を売り切るのではなく、利用価値を継続的に提供する、月額あるいは年額料金で貸し出す形態も増加してきています。いわゆる「サブスクリプション型」のビジネスであり、製品ではなくサービスを提供する販売方法が増加しつつあります。

このような、対価を得るための提供物が、製品からサービスに移行する変化はあらゆる業界で起きています。「サービス経済」が進展しているというわけです。

ちなみに、サービスの特徴としては次の４つがあります。

● **無形性**：サービスは物理的な存在ではありません。

● **同時性**：サービスは生産するそばから消費されます。たとえば、理容店・美容室での散髪やスタイリングというサービスは、顧客に対してリアルタイムで提供されるものです。製品と違って「在庫」という概念がありません。

● **変動性**：人的な要素が多い場合、サービス提供のクオリティにはばらつきが発生します。人によってよいサービスが提供されたり、逆にひどいサービスが提供されたりする場合があります。

● **消滅性：**無形性、同時性の特徴と関係しますが、サービスは提供されると同時に消えていくものです。

これらの特徴のうち、プロセスに関係があるのは、同時性、変動性です。サービスとは、リアルタイムで提供され、提供されるごとにサービスの価値、クオリティにばらつきが生じます。したがって、サービス提供側としては、プロセスを適切に管理し、できるだけサービスクオリティを均質に維持しようとすることが極めて重要になります。

2 デジタルエコノミー――デジタル化

デジタル化の端緒は、1995年のインターネット商用解禁でしょう。1995年以降、インターネットを活用したさまざまなサービスが次々と誕生しました。また、消費者もPCだけでなく、携帯電話を通じて手軽にインターネットが活用できるようになり、現在は生活のあらゆる局面においてデジタル化された機器、サービスの利用が不可欠となっています。この点において、デジタル化の進展は、さまざまな産業における前項のサービス化を大きく促進することになったとも言えます。

図2-1　サービスエコノミーとデジタルエコノミー

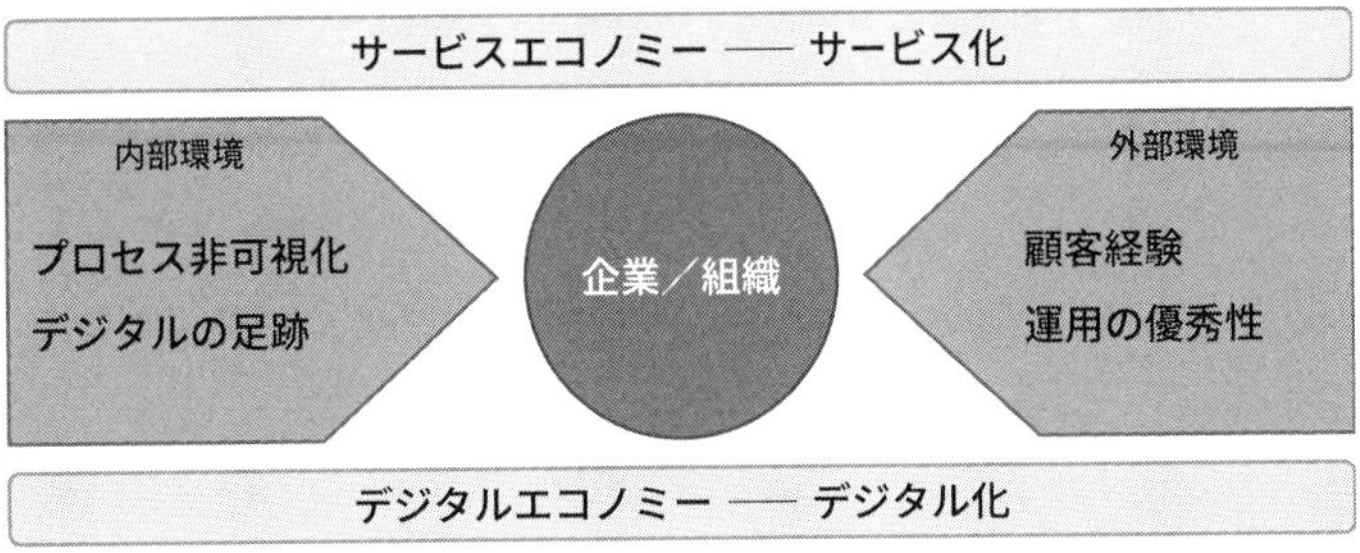

こうしたデジタルエコノミーにおいて、やはり価値を提供するプロセスの適切な管理が企業側の大きな課題となっています。オンラインの各種サービスは、しばしば、何らかの実体を持つ製品の移動や消費を伴うことがあるとしても、本質的に、前項で示した４つの特徴を備えた「サービス」です。したがって、特に同時性と変動性という難しい状況におけるクオリティコントロールが不可欠になってくるというわけです**（図２−１）**。

では、サービス化進展によるサービスエコノミー、またデジタル化の進展によるデジタルエコノミーという大きなマクロトレンドに対して、企業が適応するための要因について考えてみます。まず、外部環境についていえば、「顧客経験（*CX*：*Customer Experience*）」「運用の優秀性」の２つがキーワードとして挙げられます。

3 外部環境——顧客経験の向上

顧客経験はサービス化に深い関連があります。メーカーにとって以前は、よい製品を作って売れればそれで終わり。前述したように、購入客が自社製品をどのように利用・消費するかにはほとんど注意を払っていませんでした。

ところが、製品に付随するさまざまなサービスを提供するようになり、またサブスクリプションでの利用が増えていく、あるいは自社サイトを通じて直接販売するようになると、見込み客の購入に至るまでの行動（購入体験）や、製品の利用・商品から廃棄に至るプロセスを最適化することも重要になってきています。

すなわち、製品自体の仕様を適切に設計するだけでなく、当該製品にまつわる顧客の購入から廃棄に至るまでの顧客経験を最高のものとする「顧客経験の設計」が必要になってきたというわけです。

4 外部環境——運用の優秀性の追求

優れた顧客経験全体を考える重要性が高まるなかで、競合優位性を確立するための基本戦略として重要性が高まってきたのが「運用の優秀性」です。

図2-2　競争優位性確立のための基本戦略

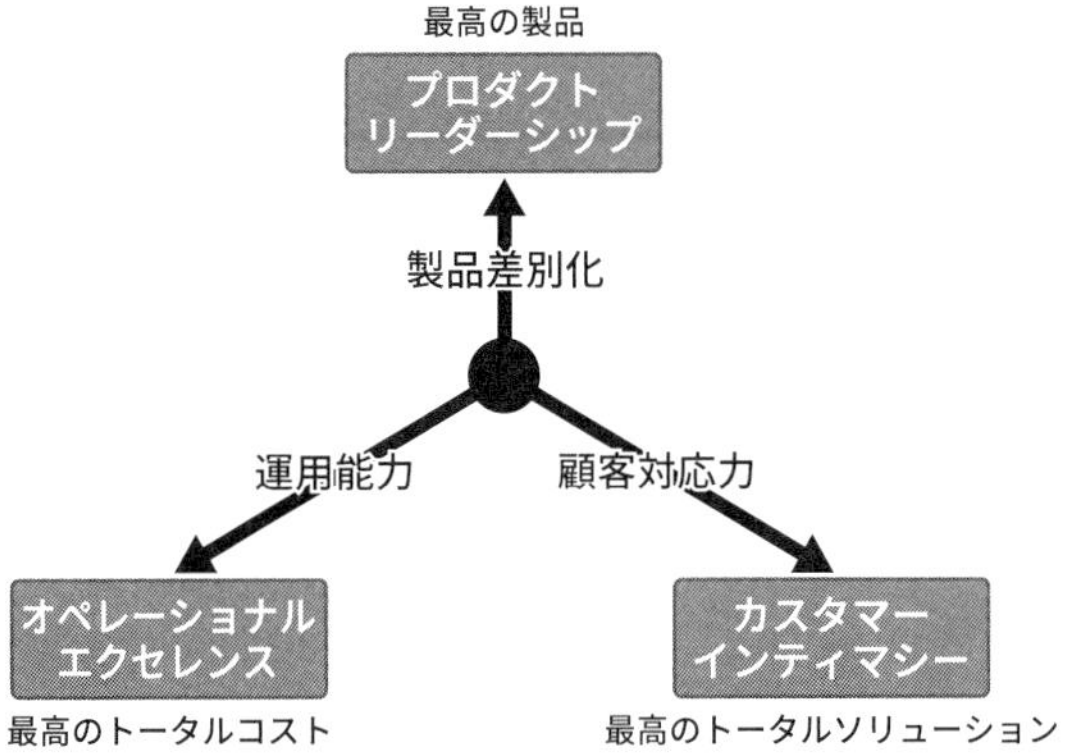

競争優位性確立のための基本戦略としては、「プロダクトリーダーシップ」「カスタマーインティマシー」、そして「オペレーショナルエクセレンス」の3つが挙げられます（図2-2）。

各企業は自社経営資源も踏まえ、重点を置く戦略方向をどれにするかを決定してきたのですが、製品そのものでの差別化がますます難しくなりつつあるため、プロダクトリーダーシップの戦略の有効性は低下しています。

また、顧客との親密な関係形成を狙うカスタマーインティマシーも、デジタル化の進展により、多くの企業で同じようなサービスがすぐに真似されてしまうようになっています（たとえば、ポイントシステムを考えてみてください）。このため、差別化のポイントとしては十分な効力を発揮できなくなっています。

しかし、オペレーショナルエクセレンス、すなわち「運用の優秀性」は簡単に真似できるものではありません。製品、サービスが高度化・複雑化しているために一筋縄ではいかず、うまくやれる企業、やれない企業の差がつきやすい。したがって、競合優位性の確立のためには、運用の優秀性に取り組むことが必要になっているのです。しかも、優れた運用ができるようになれば、それは顧客満足向上にもつながり、カスタマーインティマシーにも好ましい影響を与えるのです。そして、オペレーショナルエクセレンスは、プロセスの適切な管理に大きく関わります。

では次に内部環境について考えましょう。企業・組織の内部環境の変化は多くはデジタル化がもたらしていますが、「プロセスの非可視化」と「デジタルの足跡」の2つのキーワードを挙げましょう。

5 内部環境――プロセスの非可視化

企業においてデジタル化、すなわち、各種業務のシステム化が進展したのは1990年代のERPの登場が端緒と言えるでしょう。前述したように1995年のインターネット商用化解禁、いわゆる「インターネット革命」以降は、インターネット技術に基づく業務システム、アプリケーション開発が進展しました。

さらに、セールスフォース・ドットコムに代表される、莫大な初期開発コストを回避でき、容易に導入可能なSaaSが次々と登場し、大企業から中小企業まで多くの企業の業務が、従来の手作業主体から、システムを操作して行う業務スタイルへと変化しつつあります。

問題は、業務のシステム化によって、どのように業務が行われているかが傍目からはわからなくなったことです。オフィスにスタッフ全員が出社していて、主に紙と電話・FAXで業務遂行していた頃は、感覚的とはいえ誰がどのように仕事を進めているかを知ることができました。ところが、今や電話はほとんど鳴らず、各従業員はPCに向かって黙々と仕事を行っています。さらに、テレワークともなれば、もはや業務遂行状況を目視で確認することは困難です。

このように、業務のデジタル化によって、多くの業務が見えないものになり、マネジメントサイドとしては、適切な業務管理、進捗管理がとても難しくなったのです。

6 内部環境――デジタルの足跡の活用が可能に

一方、業務の多くがデジタル化、システム化されたことで、システム上の操作状況はデータとしてまるごと記録することができます。これは「デジタルの足跡（*Digital Footprint*）」と呼ばれますが、ＥＲＰやＣＲＭなどのアプリケーションであれ、エクセル、パワーポイントなどのオフィスソフトであれ、個々のユーザーのアプリ操作履歴を捕捉、記録、分析することで、見えなくなったビジネスプロセスを再び「見える化」することが可能です。

以上、業務システムなどから抽出したイベントログをベースにビジネスプロセスを自動的に再現し、継続的なビジネスプロセス改善に役立つ「プロセスマイニング」が、今の、またこれからの企業・組織経営に不可欠な分析手法として浮上してきた理由が、こうした環境変化にあります。

2 プロセスマイニングのメリット

プロセスマイニングは、コスト削減をはじめとする経営的なインパクトに加えて、プロセス改善を目的とする従来の業務分析手法と比較して大きなメリットがあります。

本節では、さまざまな視点でプロセスマイニングのメリットを解説します。

1 経営的なインパクト

まずは、経営的な視点で考えてみましょう。すなわち、プロセスマイニングの活用が、経営上の主要目的である売上や利益の向上にどのように貢献できるか、ということについてです（図2－3）。

第一に、プロセスマイニングを通じて「コスト削減」の成果が期待できます。プロセスマイニングによってビジネスプロセスが可視化されることにより、ムダな業務を洗い出すことが可能です。ムダな業務とは、たとえば、そもそもやらなくても支障のない業務や、ミス多

図2-3 経営的インパクト

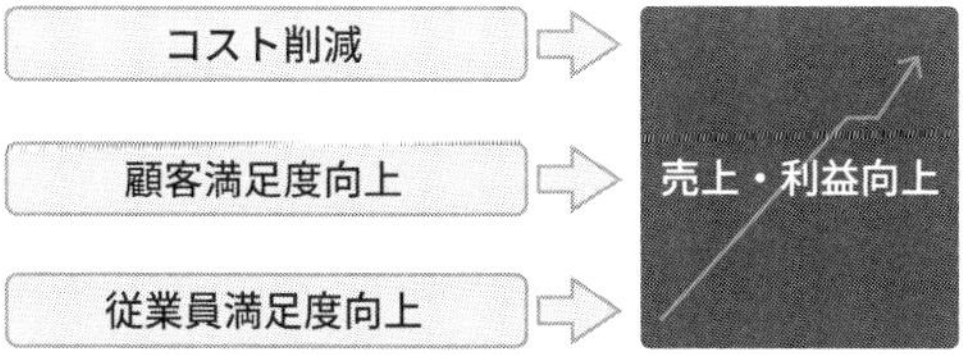

発により手戻りが発生しやすい業務などです。こうしたムダな業務を除去したり、ミスを減らせるような手立てを講じたりすることで、ビジネスプロセスの遂行コストの削減が可能となります。

第二に、「顧客満足度向上」が期待できます。たとえば、受注から納品までの「受注プロセス」の場合、プロセスマイニングによる問題点の把握と改善を行うことによって、納期の短縮が図れます。顧客にとって、注文したものが以前よりも早く届くようになれば満足度は高まります。また、ビジネスプロセスが最適化されれば、納期短縮だけでなく、発注したものとは違う品目が届くといったミスも減るでしょう。すなわち、プロセスのスピードアップ、およびサービス品質の改善によって顧客満足度の向上が可能となり、結果的に受注金額の増大やリピート率改善につながることになります。

第三に、「従業員満足度向上」も期待できます。プロセスマイニングによってあぶりだされたムダな作業や、業務の滞留をもたらすボトルネックが解消されれば、ビジネスプロセス完了に費やされる労働時間が減ります。結果として、不必要な残業がなくなって総労働時間の短縮が可能となります。従業員が徒労に感じるような業務に時間を取られることなく、効率的に業務を遂行できるようになり、士気も高まることでしょう。

2 プロセス改善への展開

前項では、最終的な売上・利益にどのようにプロセスマイニングが貢献できるかを解説しました。ここでは、プロセスマイニング分析の結果から、どのようなプロセス改善につなげることができるかを説明します**（図2−4）**。

プロセスマイニングツールにイベントログをアップロードし分析を行えば、まず「現状プロセス」が可視化されます。可視化された現状のプロセスからは、次のような問題点が発見できるでしょう。

● 非効率なプロセス（想定よりも処理時間が長い箇所）
● ボトルネック（仕事が滞留している箇所）
● スタッフスキルのばらつき（個々人の生産性の違い）
● 手戻り（繰り返し）プロセス

図2-4　プロセス改善とその効用

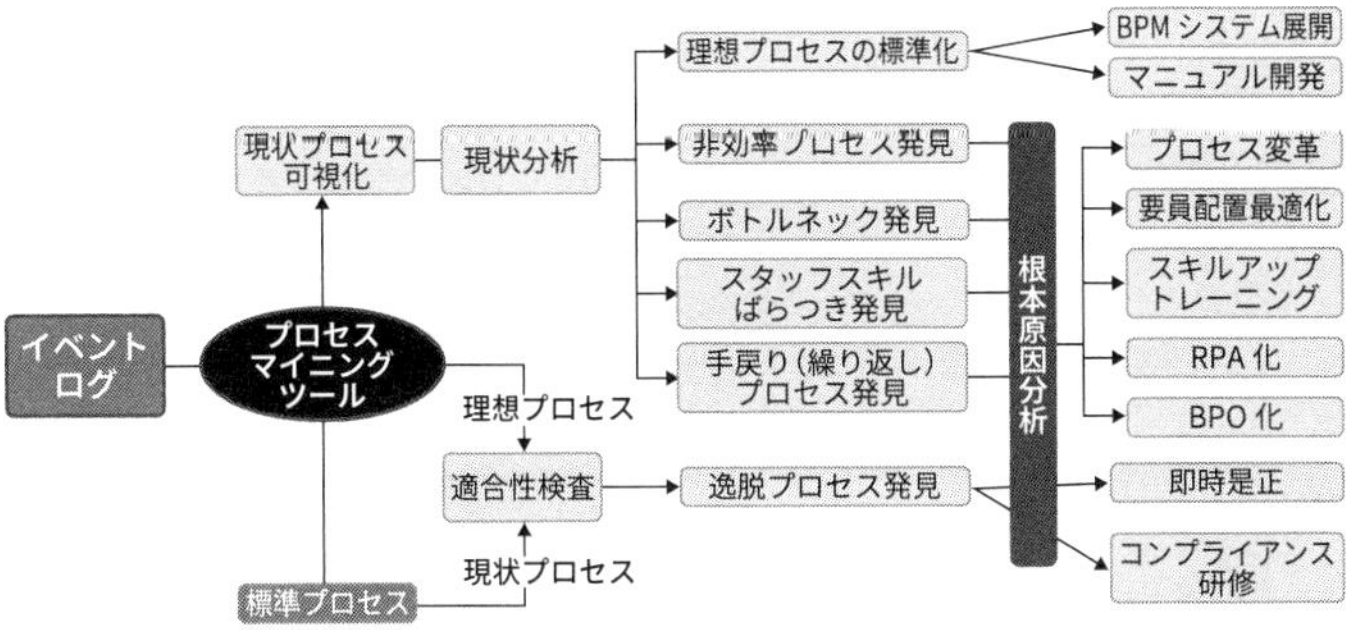

これらの問題が発見できたら、「なぜこのような問題が発生してしまうのか」を掘り下げます。「根本原因分析」です。結果、原因が特定できたら、その原因を解消するための改善施策を検討し展開します。改善施策としては次のような打ち手が考えられます。

- プロセス変革（ムダ業務の除去、手順の見直しなど）
- 要員配置の最適化（シフトの見直しなど）
- スキルアップトレーニング（生産性の差をならすため）
- RPA化（定型業務を中心とした自動化）
- BPO（Business Process Outsourcing）化（要員配置計画をより柔軟に行うため）

また、可視化された現状プロセスのバリエーションのなかに、優れた手順を発見することができたら、それを「理想プロセス（to beプロセス、ハッピープロセスとも言います)」とみなし、標準化を図ります。そして、マニュアルを作成し、またBPMシステムのワークフローとして組み込むことで全社に展開することが、有効な打ち手となるでしょう。

一方、すでに標準プロセスが存在していた場合、それを理想プロセスとしてプロセスマイニングツールにアップロードすれば、現状プロセスとの比較分析(「適合性検査」と呼びます)が可能となり、標準から逸脱しているプロセスをあぶりだすことができます。

この逸脱箇所についても、なぜそのような逸脱が発生しているかの根本原因分析を行い、即時是正を行います。また法令遵守、すなわちコンプライアンス上の問題に発展したりする可能性がある場合には、対象部署に対するコンプライアンス研修などを行い、逸脱発生を未然に防ぐ施策を打ちます。

このように、プロセス改善、プロセスの標準化に向けての適切な改善施策を検討することを前提として、プロセス上のさまざまな問題を簡単に発見できること。これが、プロセスマイニングの直接的な効用だと言えます。

なお、プロセスマイニングツールとビジネスプロセスを常時接続し、リアルタイムにイベントログデータをツールに流し込むことで、完了した案件だけでなく、未完了案件のリアルタイム監視も可能です。リアルタイム監視の場合、現在走っている「仕掛り案件」についてボトルネックや逸脱の発生を探知できることから、ただちに改善措置を行うことが可能となります。ツールによっては問題の発生を予測することもでき、未然に問題発生を阻止することさえ行えます。こうした機能は「運用サポート」と呼ばれ、ユーザーの関心が近年ますます高まっている、プロセスマイニングの最新ベネフィットです。

3 業務分析手法としての効用

繰り返し述べていますが、プロセスマイニングは、ビジネスプロセス改善やシステム改修を主な目的とする、現状把握のための業務分析の1つです。従来の業務分析は現場ヒアリングなどアナログな手法であったのに対し、業務システムから抽出されたイベントログデータを分析するデジタルな手法がプロセスマイニングです。

これまで述べてきた便益に加えて、業務分析手法としてのプロセスマイニングは、従来のアナログな手法と比較して優れた利点もあります（**図2-5、次ページ**）。

従来手法は、分析対象となるビジネスプロセスに関わっている関係者に対する個別ヒアリング、一堂に会して議論するワークショップ、またストップウォッチを手にしての観察調査（動作研究・時間研究）など、アナログな方法が採用されます。ヒアリングやワークショップの

図2-5　従来手法とプロセスマイニング手法との違い

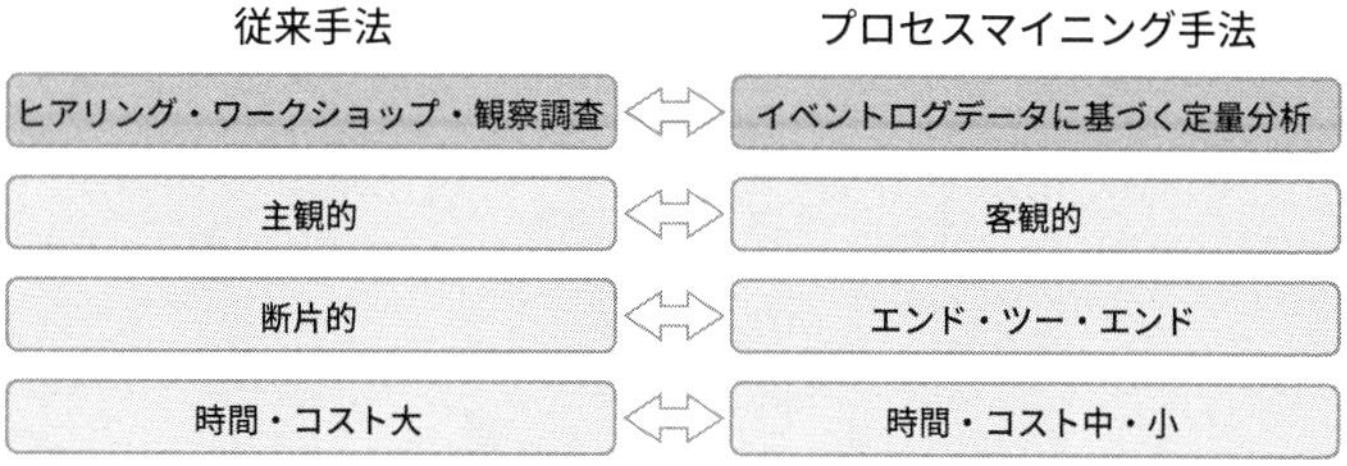

場合、関係者の発言がベースになることから、ありのままの現実というよりは、個人の思惑も含まれた主観的なものになります。また、記憶に頼ったものになるため、得られる情報は断片的、つまりおおざっぱです。

長大・複雑なプロセスの場合は、関係者も多数存在し、ヒアリングやワークショップにかかる時間とコストは膨大なものになります。また、観察調査は、主観性は排除できるものの実施の負荷は大きく、業務遂行の邪魔になる可能性もあり、現場の心理的抵抗もあって協力が得られにくいことがあります。

一方、プロセスマイニング分析は、業務システムから抽出したイベントログデータに基づく定量分析です。システム上の操作履歴を基本的に、丸ごと全数で分析するため、客観的かつ漏れのないエンド・ツー・エンドのプロセスを詳細に再現することが可能です。

分析対象データの抽出に当たってはＩＴ部門に協力を得る必

要があります。しかし、プロセスマイニング分析自体は、現場担当者に大きな負担をかけることはありませんし、データクリーニングなどの前処理の手間を含めても、従来手法よりも大幅な期間圧縮、コストダウンが可能です。

4 ビジネスプロセス改善サイクルの短縮

ビジネスプロセス改善サイクルに必要な時間は、従来の手法（現場ヒアリングや観察調査など）と比較して、プロセスマイニングではどの程度短縮できるかについて具体的に解説しましょう。

ビジネスプロセス改善は、大きく次の3つの段階に分けることができます。

● プロセス可視化のための作業（データ収集からフローチャート作成まで）
● 分析作業（問題抽出）
● 改善作業（改善施策の検討から成果検証まで）

図2-6（次ページ）は従来手法とプロセスマイニングのそれぞれについて、各段階の所要時間をイメージとして示したものです。実際の所要時間はケースバイケースですが、平均的にはおおよそ図の長さになります。留意してほしいのは、分析に続く「改善作業」は、従来

手法もプロセスマイニングも所要時間は同じということです。

改善作業においては、リーン、シックスシグマ、制約理論などの手法を用いて、分析により抽出された問題（非効率やボトルネックなど）の根本原因の解明を行い、具体的な改善方法を

図2-6　従来手法とプロセスマイニング手法の所要時間のイメージ

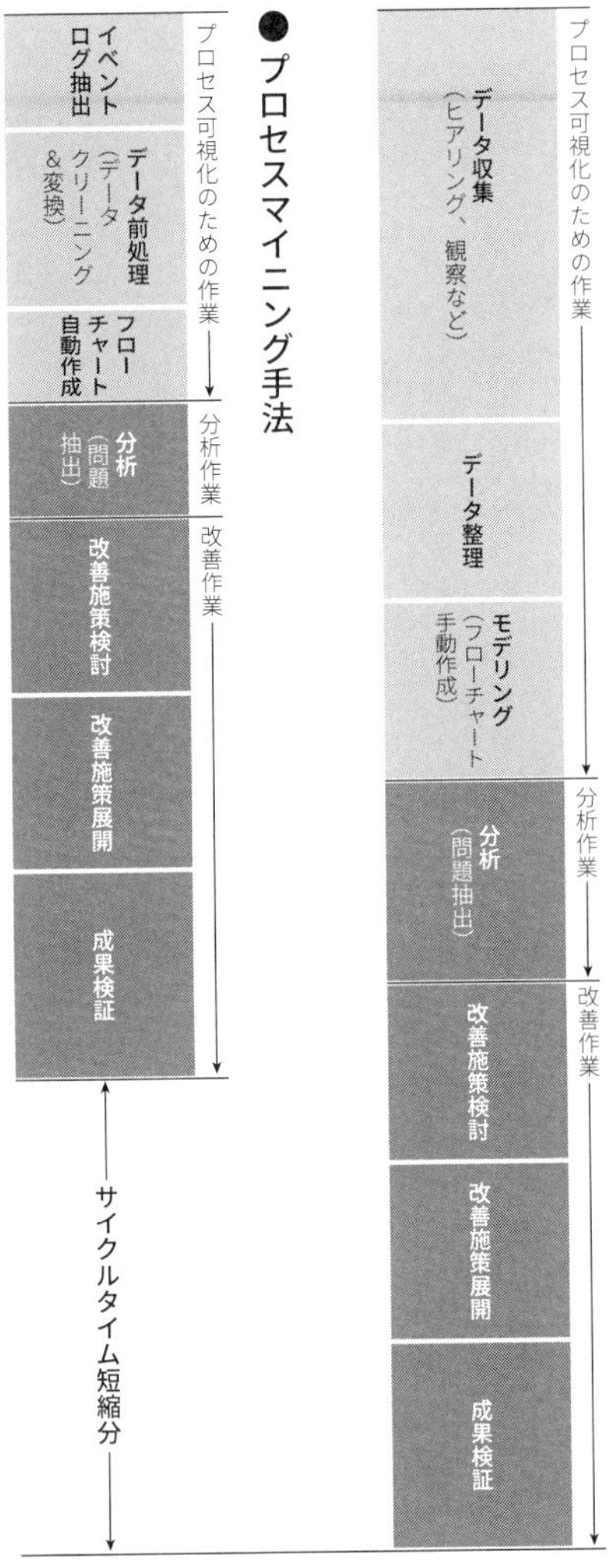

検討し、改善計画を策定、現場に展開、後日、改善が成果を収めているかを検証するまでが含まれます。この作業について、従来手法、プロセスマイニングのどちらも大きくは変わりません（ただし、継続的モニタリングはプロセスマイニングでないと現実には行えませんが）。

プロセスマイニングによって劇的な時間短縮効果があるのは、プロセス可視化のための作業です。プロセスマイニングでは、まず、ITシステムからイベントログ抽出を行いますが、これは基本的に短期間で完了する作業です。また、抽出されたデータをクリーニングし、プロセスマイニングで分析できるフォーマットに変換する作業は複雑であり、相応の期間を要するものの1カ月以上かかることはあまりありません。そして、データ処理後、プロセスマイニングツールにイベントログデータをアップロードすれば、プロセスの流れを描いたフローチャートがただちに自動で作成されます。したがって、従来手法では依然、現場でのヒアリングや観察を行ってデータ収集を行っている期間中に、プロセスマイニングでは可視化が完了し、分析作業をスタートすることができます。

一方、従来手法では、データ収集のための現場ヒアリングや観察調査に多大な時間が必要なことに加えて、それを取りまとめるデータ整理も楽ではありません。しかも、フローチャートはモデリングツールを活用して手作業で作成しなければなりません。従来手法でようやくプロセス可視化のための作業が完了したとき、プロセスマイニングを活用したプロジェクトではとっくにプロセス改善施策の現場展開が始まっているのです。

分析作業段階においても、プロセスマイニングツールのほうが、さまざまな視点で深掘り分析を行うことができ、問題抽出がスピーディに可能です。結果として、ビジネスプロセス改善サイクルを一回しする期間は、従来手法と比べてプロセスマイニング活用の場合は約3分の2に短縮できます（プロセス可視化作業の期間だけでは2分の1以下）。

外部環境が急激に変化する今、ビジネスプロセス改善サイクルはできるだけ短縮化し、すばやく回し続けることが求められています。ビジネスプロセス活動にプロセスマイニングを採用すれば、サイクルタイムの大幅短縮を成し遂げることが可能です。

5　プロセスマイニング分析の留意点

プロセスマイニング分析に取り組むにあたって留意しておきたいことがあります。

プロセスマイニング分析の分析対象は業務システムを通じて行われた業務のみであり、システム外で行われた手作業（FAX受送信など）や、エクセルなどで行われた中間ファイル作成業務などは捕捉できません。したがって、プロセスマイニングは、エンド・ツー・エンドのプロセスを見える化できるとは言え、手作業などのタスクレベルのアクティビティは把握できないため、その粒度は現実の業務よりは粗いものになります。

以上のことから、プロセスマイニング分析から得られた現状プロセスをベースに、把握できていないタスクレベルの業務については、やはり現場担当者へのヒアリングやワークショップを補完的に行う必要があります（タスクレベルの業務をデータとして捕捉し分析するのがタスクマイニングです）。

もちろん、従来手法のようにゼロベースでのヒアリングよりは、はるかに的確で効率的な情報収集が可能となります。ヒアリングの内容が、「どんな作業をやっていますか」ではなく、「プロセスマイニングで発見されたボトルネックについて、具体的な作業内容と課題を教えてください」といった問いかけが可能になるからです。したがって、業務分析にプロセスマイニングを採用することのメリットは、総合的には非常に大きいと言えるでしょう。

3 AI、BI、BPMとの補完関係

プロセスマイニングと関連する領域としては、AIやBI、BPMがあります。分析手法としてのプロセスマイニングは、概念的にはビジネスインテリジェンスの枠組み内ですが、ツールとしては独自の機能を持ち、AIやBIツールとは補完的な関係です。

1 ビジネスインテリジェンス(BI)の視点から

プロセスマイニングは分析手法の1つです。ビジネスへの適用を前提とすると**図2-7**の通り、一番大きな枠に「ビジネスインテリジェンス」があり、その内側に「プロセスインテリジェンス」、さらにその内側に「プロセスマイニング」があるという入れ子構造になっています。

まずビジネスインテリジェンスですが、文字通り、ビジネスに関わるあらゆるデータ・情報を分析対象として収集し、分析するものです。Tableauのような、いわゆるBIツールを

図2-7　分析手法から見たプロセスマイニングの位置付け

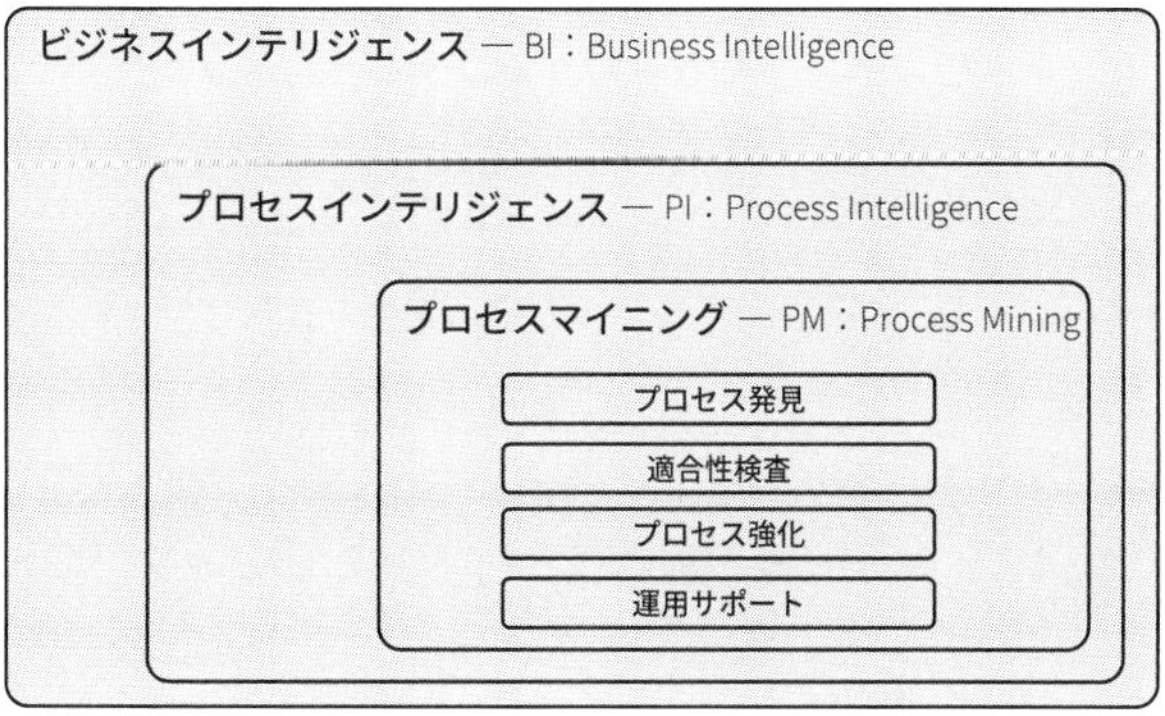

用いて分析することが多いのですが、典型的には、売上や利益などの財務データを分析対象にして、年度別、月別、週別などの推移を見る、またエリア別や製品別にドリルダウンして、売上や利益に貢献しているエリアや製品カテゴリ、逆に足を引っ張っている要因がどこかを掘り下げて分析する。――こうした分析方法がビジネスインテリジェンスです。

ビジネスインテリジェンスのうち、特にビジネスプロセスに関わるデータ・情報に絞って各種分析を行うのが「プロセスインテリジェンス」です。さらに、プロセスインテリジェンスの中で、業務の流れ、すなわち「コントロールフロー」をフローチャートの形で可視化し、さまざまな分析を行う手法が「プロセスマイニング」です。

さて、入れ子構造で考えると、プロセスマイニングは、ビジネスインテリジェンスに含まれており、ビジネスインテリジェンスのツールで代替できるのではないか、と考える人もいます。しかし、プロセスマイニングの基本機能である「(自動的な)プロセス発見」には、特殊なアルゴリズムが必要ですが、ＢＩツールには、このアルゴリズムは通常、実装されていません。また、ＢＩ機能に基づいて、プロセスマイニング用のアルゴリズムをゼロベースで組むのは現実的には不可能です(初歩的なものは組めたとしても、それによって、再現されたプロセスモデルの信頼性は低いものでしょう)。

したがって、プロセスマイニングを実行したければ、専用のプロセスマイニングツールの採用が必要になり、ＢＩツールで代替することはできません(なお、ＢＩツールのアドオンとして、プロセスマイニングツールを提供しているベンダーがあります。この場合、ＢＩツールとプロセスマイニングツールを一体化して利用できるということになります)。

では、プロセスインテリジェンスがカバーする領域はどこになるのでしょうか?

プロセスマイニングツールでは、特殊なアルゴリズムを用いて行うプロセス発見以外に、さまざまな統計数値を算出し、さまざまな表・グラフで表現する機能が備わっています。この機能は、ＢＩツールが持つ機能とほぼ同じものと考えてよいでしょう。

たとえば、分析対象としたプロセスに含まれる案件数、プロセスの開始から終了までのループットや、各アクティビティの処理数、処理時間、あるアクティビティから別のアクティビティまでの間の移行時間、すなわち待ち時間などです。これらの数値に関しては、平均、最大・最小、中央値、標準偏差などを確認することが可能です。

こうした統計数値の算出は、シンプルな四則演算ベースで可能であり、特殊なアルゴリズムは必要ありません。BIツールでも簡単に実行できますが、これこそ「プロセスインテリジェンス」がカバーしている領域です。

プロセスマイニングによる分析においては、アルゴリズムを通じて発見された「プロセスモデル」(現状プロセスモデル)を起点に、さまざまなバリエーションを検証する「バリアント分析」や、理想プロセスとの比較分析、すなわち適合性検査などを行います。

さらに、処理時間がKPIを超えている問題アクティビティや、待ち時間が長くなっているボトルネックを特定していきますが、ここで重要になってくるのが処理件数や処理時間、待ち時間などの基本統計数値です。すなわち、プロセスマイニングでは、プロセスモデルと併せてプロセスインテリジェンスの数値をさまざまな視点で掘り下げることを行うわけです。

主要なプロセスマイニングツールでは、プロセスモデルを作成するアルゴリズムは当然として、プロセスインテリジェンス機能、特にさまざまな数値をビジュアルに表現するダッシュボード機能が標準で装備されています。この意味では、現在のプロセスマイニングツールは、「プロセスインテリジェンスツール」と言い換えても支障はありません。

また最近、プロセスマイニングツールの最新機能として実装が始まっている「運用サポート機能」は、仕掛中案件のリアルタイム監視機能、逸脱アラート機能、予測分析機能などが含まれます。したがって、プロセスマイニングにおける運用サポート機能は、過去履歴データの分析が主体のＢＩツールと明確に異なる独自機能と言えます。

2　プロセスマイニングとＢＩの役割の違い

プロセスマイニングとＢＩの違いについてもう少し掘り下げてみましょう。

プロセスマイニングツール、ＢＩツールのどちらも、企業・組織運営に関わるさまざまなデータを取り込んで、さまざまな切り口で数値を演算し、その結果を表やグラフなどでビジュアルに提示するという点は同じです。

プロセスマイニングツールとＢＩツールの決定的な違いは、演算結果をどのように解釈し、

図2-8　プロセスマイニングツールとBIツールの違い

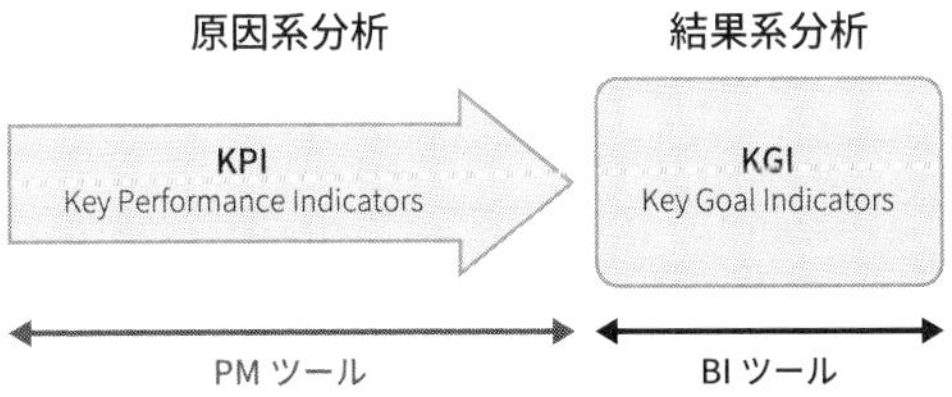

活用できるか、という点にあります（図2-8）。
具体的には、次のように説明できます。

●プロセスマイニングツールが提示する演算結果

価値を生み出すアクティビティ（プロセス）のパフォーマンス＝原因指標です。すなわち、プロセスマイニングツールがカバーするのは主に、ＫＰＩ（*Key Performance Indicators*）です。

たとえば、保険会社の保険金請求処理プロセス（保険加入者からの保険金請求〜保険金支払い）であれば、プロセスマイニングツールで分析することによって、プロセスに含まれるアクティビティごとの処理案件数や、処理に要した総所要時間（スループット）、処理コスト、担当者数などを算出できます。

また、プロセスマイニングならではのプロセス発見機能によって、業務手順を自動的にフローチャートとして描き出し、プロセスのどの部分にボトルネックや非効率な繰り返し作業が発生しているかを特定できます。

このように、価値を生み出すアクティビティ、すなわち原因系データを分析することで、さらに価値を高めたり、あるいはコストを削減したりするための業務プロセス改善施策へとつなげることができます。

●BIツールが提示する演算結果

生み出された価値（売上や利益など）の大きさ＝結果指標です。すなわち、BIツールがカバーするのは、主にKGI（*Key Goal Indicators*）です。

BIツールでは、企業活動の結果としての売上や利益、市場シェアなどを主に算出し、事業部別、エリア別、製品別などの各種次元（ディメンション）で多面的な分析が可能です。

BIツールでは、どの事業部、あるいはエリアが優れた（劣った）結果を残しているか、という判断を行うことはできますが、なぜ結果が優れているか（劣っているか）という原因を推測することはできません。そもそも、結果につながる原因系データを分析対象とはしていないためです。

以上、両者の違いをまとめると、ＢＩツールは期末の通信簿のようなものであり、最終的な評価を下し、また次期のＫＧＩの目標設定に役立てるもの。一方、プロセスマイニングツールは、期中の細かいパフォーマンスを分析して、ＫＧＩの目標達成のためにどのように業務を改善すべきかを検討するために役立てるもの、と言えるでしょう。

なお、データの分析方法について、最近新たに生じてきたもう1つの違いがあります。ＢＩツールは分析期間全体を対象とした過去データのスナップショットの数値を算出するのみであるのに対し、プロセスマイニングツールは、現状での案件データを逐次分析するリアルタイムモニタリングを行う機能が付加されてきているということです。企業・組織運営の状況を継続的に振り返り、改善すべき点は改善し、目標達成を確実にするためには、ＢＩツールによるＫＧＩ評価とプロセスマイニングツールによるＫＰＩ評価の両方を併せて行うことが不可欠です。

現状は、両者のツールを組み合わせて活用する企業が増えていますが、冒頭に述べたように、プロセスマイニングツールとＢＩツールの境界はぼやけつつあり、将来的には融合して一体的なツールとして提供されていくことになると思われます。

3　BPM、データマイニング・AIとの関係

プロセスマイニングと密接な関係がある隣接分野があります。1つはデータマイニング・AI、もう1つはBPM（*Business Process Management*）です。

まずは「データマイニング・AI」の概要を説明します。

データマイニングは、基本的にビッグデータを対象とした分析手法です。その主な目的は、ものごとの因果関係や典型的なパターンのような「法則性」を発見して、さまざまな意思決定に役立てることです。

たとえば、各地の気温、湿度などの天候情報を大量に収集し、データマイニングでそのデータを分析することで、どのような状況において晴天になりやすいのか、それとも雨天になりやすいのかの予測式が作られ、天気予報に活用されています。

データマイニングでは、数十年前から活用されてきた「多変量解析」の手法、たとえば、回帰分析や、因子分析、クラスター分析、決定木分析などに加え、近年は主にニューラルネットワークによるディープラーニングが飛躍的な進歩を遂げ、ものごとを判別できる精度、あるいは予測する精度が大きく向上しています。

一般に、これらの分析手法のことは「AI（*Artificial Intelligence*：人工知能）」と呼ばれますが、

ＡＩはデータマイニングにおいて頻繁に利用されるようになってきた手法なので、ここでは「データマイニング・ＡＩ」とひと括りにしています。

さて、データマイニングはあらゆる分野のあらゆるビッグデータを分析対象としますが、基本的に「プロセス」を対象とはしてきませんでした。ある瞬間、すなわちスナップショット的な静的なデータを抽出して、要約したり、分類したり、因果関係を見出してきたりしたのです（ＢＩも基本的にはスナップショット分析です）。

一方、プロセスマイニングは、文字通り、時系列のひとつながりになった動的なデータから、プロセスの流れを描き出すこと、すなわち「プロセスモデル」を作成することが基本にあります。もちろん、プロセス処理件数や処理時間など、プロセスに関わる静的な各種統計量も併せて算出する点は、データマイニングと共通しています。

こう考えると、データマイニングとプロセスマイニングは、分析手法としては兄弟分のようなものです。実際、どちらにも「マイニング」という言葉が含まれています。ただ、おおむね、プロセスマイニング実行時に、データマイニングが必要に応じて活用されるのが基本でしょう。実際、プロセスマイニングでのさまざまな分析を深めていく上で、データマイニ

図2-9　プロセスマイニングとデータマイニング・AI、BPMの関係

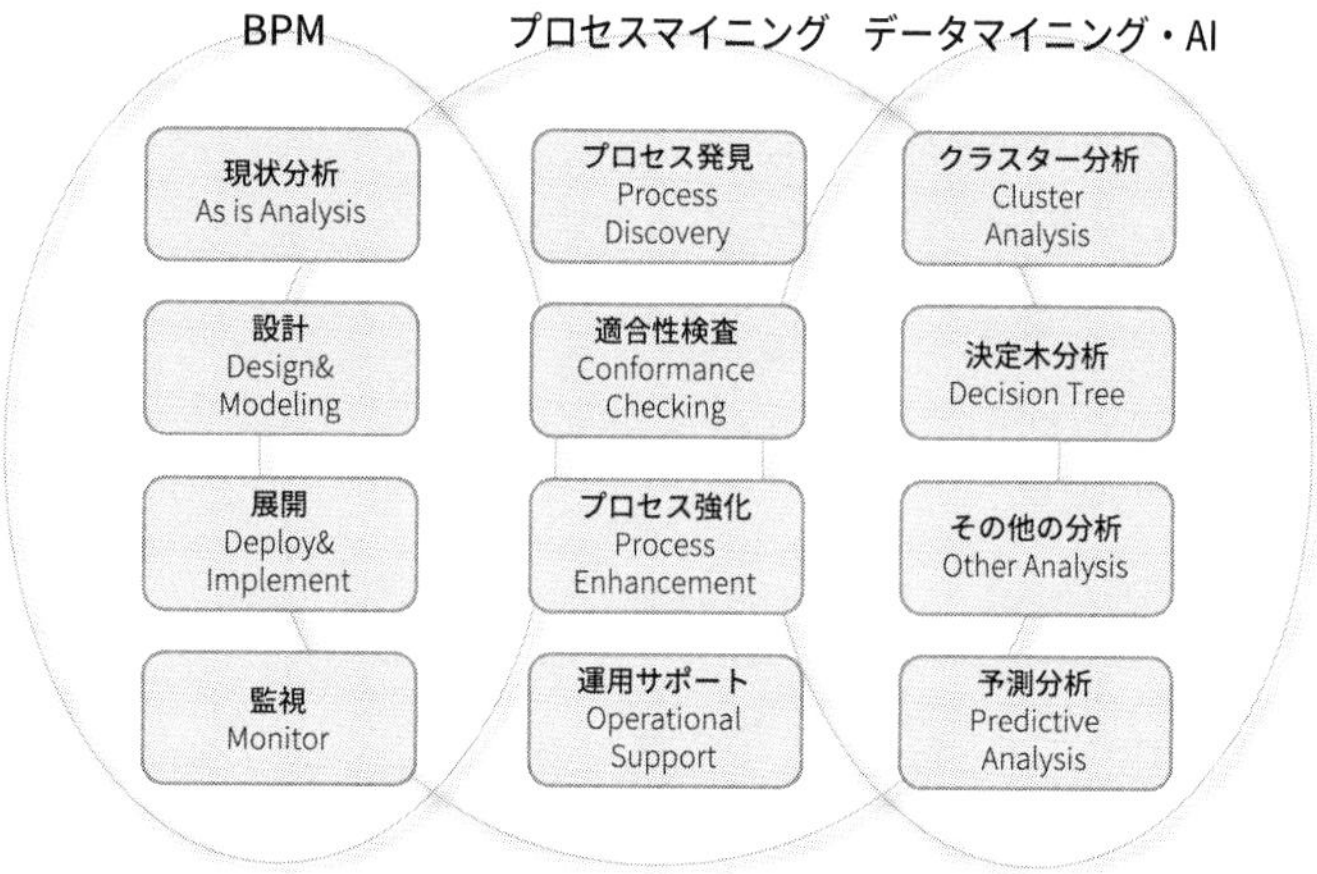

ング、AIの手法がさまざまな形で応用されています。

たとえば、現在処理中の案件（ランニングケース）の終了までのリードタイムを推測するためには、データマイニングにおける「予測分析」が採用されています。それ以外にも、クラスター分析や決定木分析などがプロセスマイニングに組み込んで活用可能です。したがって、今後も、プロセスマイニングツールとしての分析の幅や精度を高めるためにデータマイニングの手法がプロセスマイニングに取り入れられていくと考えられます。

では次に、BPMについて考えてみまし

ょう。ＢＰＭはシンプルにいえば、プロセスを改善することを目的として、プロセスの現状を分析し、問題点を解消する「理想プロセス」を設計し、現場に展開・監視を行う一連の活動です。

このＢＰＭの活動のうち、とりわけ「現状分析」において、プロセスマイニングの基本アプローチの１つ、「プロセス発見」は役立ちますし、その後の設計、展開、監視においても、プロセスマイニングが提供できる「適合性検査」「プロセス強化」のアプローチはＢＰＭにとって強力な武器となりえます。

このように、プロセスマイニングとデータマイニング・ＡＩ、ＢＰＭはお互いに補完しあう関係にあると言えます（**図2-9**）。プロセスマイニングのゴッドファーザー、アールスト氏は、「プロセスマイニングは、データマイニングとＢＰＭをつなぐ橋である」と述べていますが、まさに、ＢＰＭの取り組みにおいて、プロセスに特化したデータマイニングとしての「プロセスマイニング」は大きな役割を果たしていくと思われます。

3章

プロセスマイニングによる分析の実際

イベントログに必須3項目が含まれていれば
プロセスマイニングツールで、業務手順を表す
フローチャートが自動作成できます（「プロセス発見」）。
適合性検査、プロセス強化、運用サポートなどの新手法も紹介します。

1 分析の元となるイベントログ

プロセスマイニングの分析対象となる「イベントログ」がどのようなものかについて解説します。プロセスマイニングツールにアップロード可能な、イベントログの典型的なデータフォーマットは左表のようなものです（**表3－1**）。

表3-1　イベントログの典型的なデータフォーマット

案件ID (Case ID)	時刻 (Timestamp)	活動 (Activity)	リソース (Resources)	処理費用 (¥) (Cost)	顧客 (Customer)
1	2020/1/7 10:11	返金申請受付	山本	200	桃井花子
2	2020/1/7 10:25	返金申請受付	山本	200	田島陽介
1	2020/1/7 13:20	審査	太田	300	桃井花子
2	2020/1/8 10:45	審査	太田	300	田島陽介
1	2020/1/10 15:25	返金決定	松尾	150	桃井花子
1	2020/1/11 9:23	返金手続き	野口	250	桃井花子
2	2020/1/11 16:13	返金決定	松尾	150	田島陽介
1	2020/1/21 14:30	口座振込	篠田	100	桃井花子
3	yyyy/mm/dd hh:mm	xxxxxx	xxxx	xxx	xxxxx

ちなみに、ツールにアップロードするためのファイル形式は「CSV」が最も一般的です。CSVだけでなく「エクセル形式」、およびXMLに基づくプロセス定義のための交換フォーマット、「XPDL形式」でのアップロードが可能なツールもあります。

また、IEEEが標準として決めたタグ形式のイベントログは「XES（*eXtensible Event Stream*）」と呼ばれており、プロセスマイニングツールのなかにはXES形式のデータのアップロードもできるものがあります（実際には、業務システムから抽出した生データを前処理する際、最終的にはCSV形式にするのが一般的であり、XESデータを扱うことはほとんどありません）。

さて、プロセスマイニング分析のためのイベントログのデータ項目は、大きくは「必須3項目」と、残りの「属性項目」で構成されます。

1　必須項目

必須項目は、案件ＩＤ（ケースＩＤ）、アクティビティ、時刻（タイムスタンプ）の3つです。

●案件ＩＤ（ケースＩＤ）

案件ＩＤは、あるプロセスを通る案件ごとに振られるＩＤであり、案件ＩＤを用いることで、後述するアクティビティを一貫した流れとして分析することが可能となります。

前掲表1は、顧客からの航空券の払い戻しプロセス例です。予約していた便が何らかの理由で利用できなくなったため、代金の返金を求める顧客からの申請を受け付け、審査を行い、返金することを決定したら、返金手続きを行い、顧客の銀行口座に代金を振り込むという流れになっています。

このプロセスにおける案件ＩＤとは、個別の顧客からの特定の払い戻し申請について付番されたＩＤになります。おそらく、顧客からＷｅｂや電話などで申請を受け付け、システムに登録（返金申請受付）された時点で自動的に付番される仕組みになっているでしょう。この案件IDがあることで、ある1つの案件について、起点となるアクティビティ（システム操作）から、途中のさまざまなアクティビティを経由して終了アクティビティまでを縦串にして、所要時間などを分析することが可能になります。

なお、資材などの調達を行う購買プロセスの場合、各部門の調達担当者が作成する「購買申請」が、システムに記録された時点で付番されるであろう「購買申請番号」を案件IDとして扱うことになります。

●アクティビティ

アクティビティとは、業務システム上で何らかのビジネスプロセスを実行する際に、記録される主要な操作（登録ページ立ち上げ、入力内容保存など）のことです。航空券の払い戻しプロセスの場合、「返金申請受付」「審査」「返金決定」「返金手続き」「口座振込み」といったものがアクティビティです。

システム上の操作としては、何らかの情報入力を行い、「完了」や「保存」などのボタンを押下したタイミングで記録されることが多いでしょう。システムによっては、あるアクティビティの開始時点と終了時点の両方が記録される場合もあります。たとえば、「返金申請受付開始」「返金申請受付完了」といったように操作開始と終了の時刻が記録されるわけです。これは、システム上の画面操作イメージとしては、返金申請の情報入力画面を立ち上げたタイミングで「返金申請受付開始」が、また、同入力画面の完了ボタンを押下して終了したタイミングで「返金申請受付完了」が記録されると考えてください（開始、終了の両方のタイムスタンプがあると、個々の作業の処理時間も算出可能となり、より詳細な分析が行えます）。

操作のどのタイミングがアクティビティとして記録されるかはシステムの仕様次第であり、さまざまです。おおむね、開始アクティビティ、または終了アクティビティのどちらか一方しか記録されないシステムが一般的です。

なお、一つ一つのアクティビティは、システムにおいては「イベント」として次に述べるタイムスタンプとともに記録されています。すなわち、「イベントログ」とは、システム上の操作イベントをひとまとまりの関連データとして集約したもの、と言えます。

● **時刻（タイムスタンプ）**

時刻（タイムスタンプ）とは、前項のアクティビティが業務システムで行われた時間を記録したものです。どの程度詳細な時刻が記録されているかはシステムの仕様次第です。理想的には「年・月・日・時・分・秒」で記録されているのが望ましいのですが、「年・月・日・時・分」だったり、「年・月・日」だけで、時・分が含まれていない場合もあります。タイムスタンプは、案件IDに基づいて縦串した複数のアクティビティの時間的順序、つまり、どのアクティビティが先に（後に）行われたかを判断するアルゴリズムに用います。したがって、「年・月・日」だけ、つまり時・分・秒が含まれていない場合、同日に行われた複数のアクティビティの時間的順序の判別が困難となり、プロセスモデルの精度が低下することになります。

2 属性項目

属性項目は、分析を深めるために用いる各種データ項目です。航空券払い戻しプロセスの例では、「リソース」「処理費用」「顧客名」の3つが属性項目です。リソースは、当該システムを操作する担当者のことであり、しばしば、その担当者の所属部署や役職＝ロールの属性分析対象とします。

また、購買プロセスの場合には、「サプライヤ名」や「製品名」なども追加されます。属性項目は、ビジネスプロセス上の問題（非効率性やボトルネックなど）を特定した際、たとえばそのボトルネックは、特定のリソースや顧客において起こりやすいかどうか、といった深掘りを行う「根本原因分析」において活用するものです。また、「活動基準原価計算（ＡＢＣ：*Activity Based Costing*）」などに基づいて、処理費用の算出、設定が可能であれば、属性項目として処理費用を追加することで、プロセスに係るコスト視点での分析が可能となります。

3　イベントログデータ作成手順

プロセスマイニングの対象とするビジネスプロセスを決定したら、そのビジネスプロセスを遂行しているＩＴシステムから、必要なデータを抽出するわけですが、抽出されたデータ（トランザクションデータ）をそのままプロセスマイニングツールにアップロードすることはできません。

というのも、プロセスマイニングツールにアップロードするファイルは、ノイズなどが除去された、所定のデータ項目が揃ったクリーンなファイルへと加工されたものである必要が

図3-1 データ前処理のイメージ

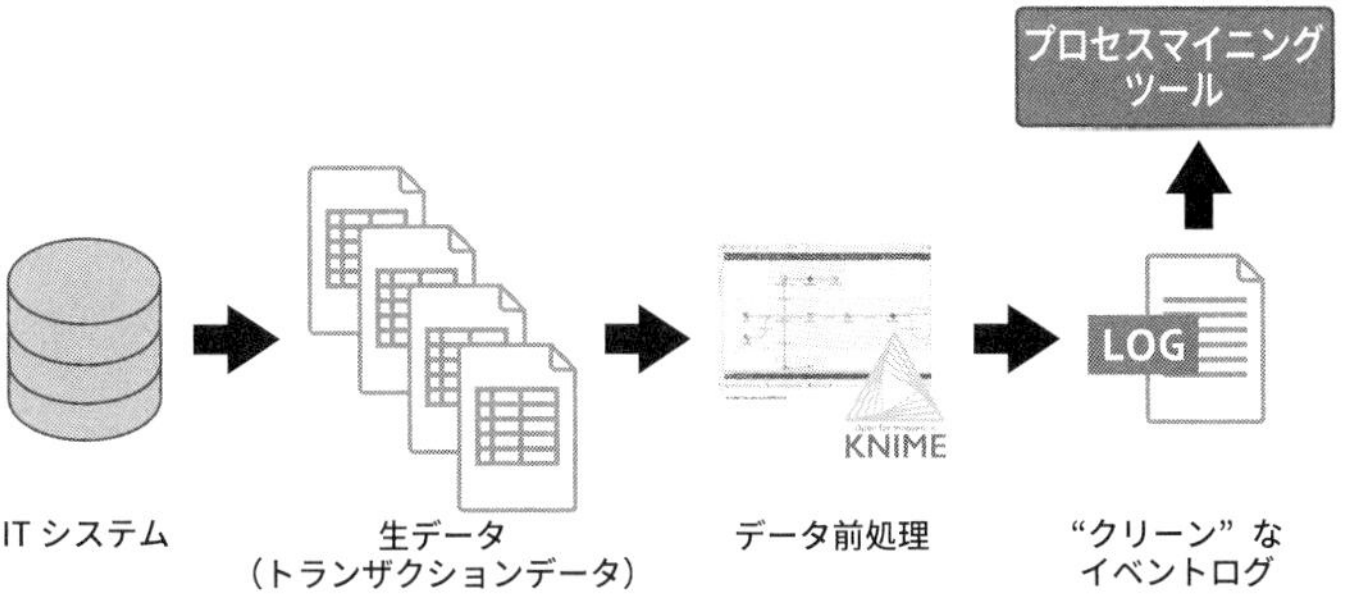

あるからです。

多くの場合、ITシステム内のDBから抽出されたデータは年度単位でファイルが分かれていたり、トランザクションファイルとマスターファイルが分かれていたり、データの抜け（ブランク）や文字化けがあったりと、要するに汚れたデータ＝ダーティデータです。

このような複数（しばしば数十本以上）の汚れたデータをきれいにし、1本のデータファイルに統合し、クリーンなイベントログに加工する作業が「データ前処理」です（**図3-1**）。

たとえば、ブランク（空白）が存在するデータについては一括削除したり、何らかの補正値を入力したりします。文字化けが生じていたら、基本的には正しい表示に置き換えます。こうした前処理作業を数十万〜数百万件の生データに対して行う必要があるため、エクセルなどではなく、データ前処理のためのツール、「ETL」を用いることをお勧めします。
ETLはExtract, Transform, Loadの頭文字を取ったものです。文字通りデータ抽出からデータ変換（加工）、他のツールへのアップロード、さらには分析機能も持つ多機能なツールですが、プロセスマイニングにおいてはもっぱらデータ変換（加工）に活用します。
私がお勧めしているETLは、「KNIME（ナイム）」というオープンソースのツールです。日本語ローカライズはされていませんが、何といっても無料ですし、直感的な操作を行うことができる非常に優れたツールです。

KNIMEのようなETLツールであれば、さまざまなデータ加工をノンプログラミングで行うことができるため、エンジニアでなくともデータ前処理を実行可能です。もちろん、エンジニアの方がデータ前処理を行うのであれば、SQL、Python、Rなど得意なスクリプトでデータ加工処理を行えば、KNIMEより高速に処理ができるでしょう。

ただ、一般的に、ETLツールでは、データ前処理の手順を「ワークフロー」として作成できます。つまり、同じプロセスについては追加した差分データの前処理も同じワークフローで可能です。したがって、たとえば、ＡＰＩを通じて業務システムから分析対象の生データを抽出して前処理を行いプロセスマイニングにアップロードするまでをＥＴＬのワークフロー化しておけば、すべて自動化することができます。

なお、プロセスマイニングツールによっては、一般的なSaaS型の業務システムについて、ＡＰＩで直接データを吸い上げる「コネクタ」を提供しており、データの前処理作業も行えるものもあります。

2 プロセス発見の原理

「プロセス発見」、すなわちプロセスマイニングによるプロセスモデル（フローチャート）再現の基本原理であるアルゴリズムについて、わかりやすさを優先し、技術的な点には踏み込まずに説明します。

詳細な技術的解説は、プロセスマイニングのバイブルである『プロセスマイニングData Science in Action』（インプレスより２０１９年刊）を参照ください。

1 プロセス発見とは

プロセスマイニングは初期の頃、「Automated Business Process Discovery」（自動的にビジネスプロセスを発見する）と命名されていました。ＩＴシステムから抽出したイベントログデータから、対象プロセスの流れ（業務手順）を自動的に再現することが最も基本的な機能だからです。

図3-2　イベントログからプロセスモデルの再現

イベントログ

案件ID (Case ID)	時刻 (Timestamp)	活動 (Activity)	リソース (Resources)	処理費用 (¥) (Cost)	顧客 (Customer)
1	2020/1/7 10:11	返金申請受付	山本	200	桃井花子
2	2020/1/7 10:25	返金申請受付	山本	200	田島陽介
1	2020/1/7 13:20	審査	太田	300	桃井花子
2	2020/1/8 10:45	審査	太田	300	田島陽介
1	2020/1/10 15:25	返金決定	松尾	150	桃井花子
1	2020/1/11 9:23	返金手続き	野口	250	桃井花子
2	2020/1/11 16:13	返金決定	松尾	150	田島陽介
1	2020/1/21 14:30	口座振込	篠田	100	桃井花子
3	yyyy/mm/dd hh:mm	xxxxxx	xxxx	xxx	xxxxx

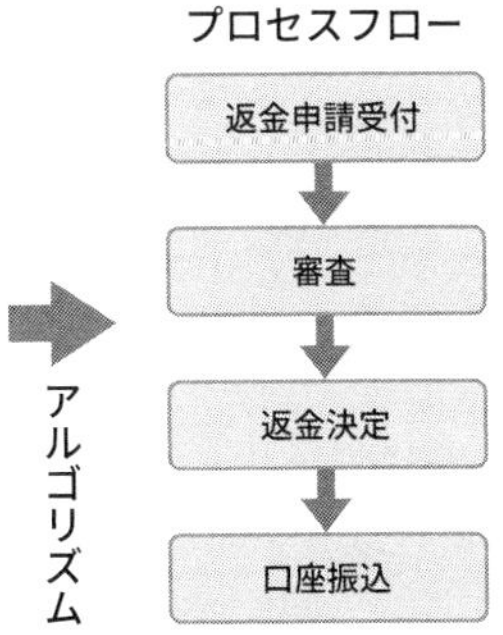

現在は、単にプロセスを発見するだけでなく、理想プロセスとの比較分析を行う「適合性検査」や、未完了の仕掛り案件について予測分析したり、リアルタイム監視を行い、逸脱発生時にアラートを流したりと、高度な機能が次々と実装されています。

このため、プロセスマイニング＝プロセス発見とは言えなくなってきたものの、プロセス発見という機能がプロセスマイニングの核となる機能であり、また分析の出発点であることは依然変わりません。

さて、イベントログは**図3－2**にあるようなフラットなデータです。イベントログからプロセスモデル（フローチャート）を再現するためには、案件ID、アクティビティ、タイムスタンプの3項目があれば問題ありません。

ただ、初めてプロセスマイニングに触れた方は、これら3項目から、どうやってフローチャートを描くのか不思議に思われるようです。もちろん、裏には、一定の処理ロジック、すなわち「アルゴリズム」が存在します。

このアルゴリズムはプロセスマイニング固有であり、一般的なデータマイニングツール、ＢＩツールには備わっていません。したがって、プロセスマイニング分析を行い、プロセスを可視化したい場合には、プロセスマイニングツールを利用する必要があります。

2 プロセスモデル（フローチャート）の再現

では、イベントログからフローチャートをどのように作成するかを簡易的なサンプルデータで説明しましょう。

図3－3のデータは、案件ＩＤ（1～3）とアクティビティ（Ａ～Ｅ）のみ。タイムスタンプは略してありますが、上から下に時間が経過している、つまり上の行にあるアクティビティほど古い時間に行われているということになります。

まず案件1についてアクティビティを拾ってみましょう。色分けしてあるので簡単です。白色のアクティビティ、すなわちＡ↓Ｂ↓Ｃ↓Ｄ↓Ｅです。同様に、案件2（薄いグレー）、

図3-3　プロセスモデルの一例

案件ID	アクティビティ
1	A
2	A
1	B
1	C
3	A
2	C
3	B
2	B
1	D
2	D
2	E
3	C
3	D
1	E
3	D
3	E

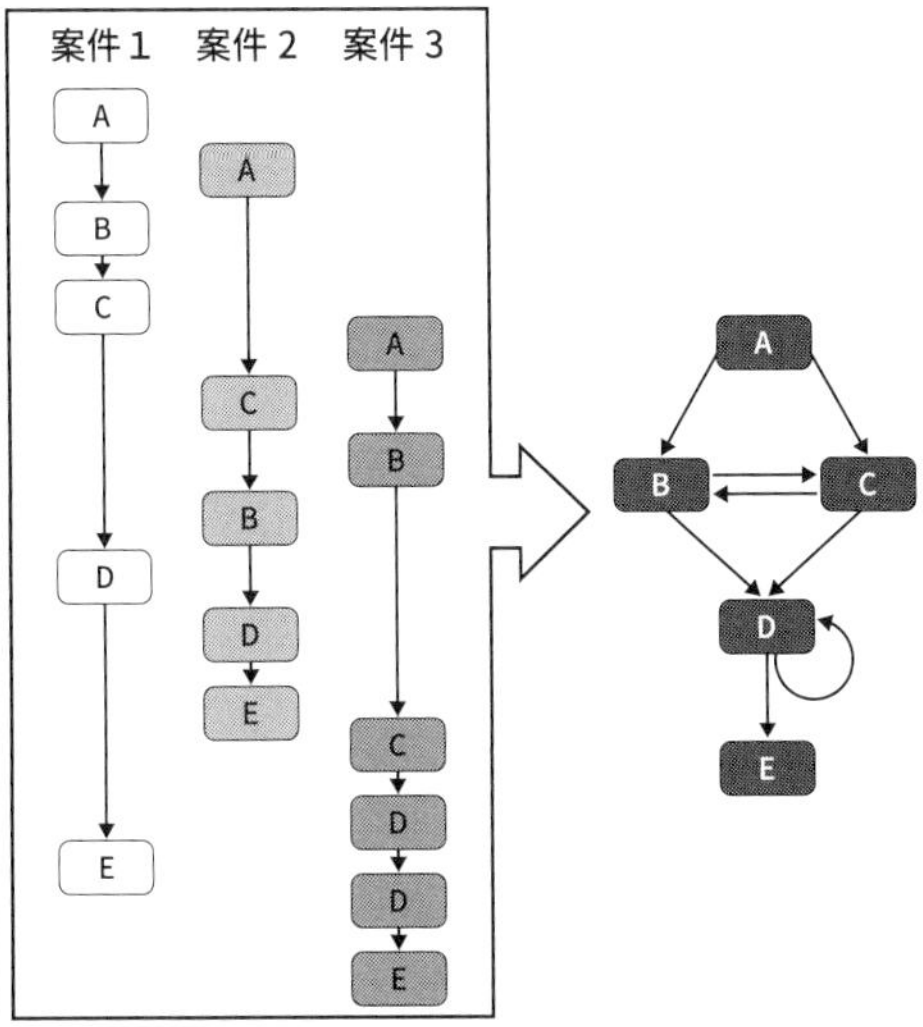

出典：Fluxicon https://fluxicon.com/

案件3（濃いグレー）についてそれぞれのアクティビティのフロー図が上図の中央にあります。

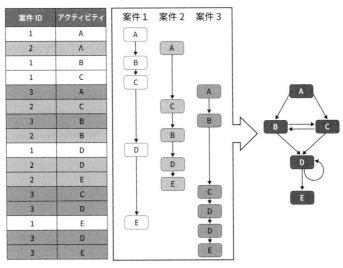

言うまでもないことですが、Aを起点として終点のEに至る道筋＝トレースは、案件ごとに異なっています。アクティビティの順番が入れ違ったり、同じアクティビティが繰り返されていたりしていますね。どんなプロセスであれ、その辿る道筋は複数のバリエーションがあるのが一般的です。

プロセスマイニングでは、案件ごとの個別の道筋を分析することもありますが、まずはこうした複数のバリエーション全体をうまく説明できる「プロセスモデル」を作成します（図右端の濃紺のフローチャート）。たとえとしてはあまり正確ではありませんが、バリエーションの「最大公約数」を見つけるようなものです。

こうして、イベントログに含まれる複数の業務手順のバリエーションから、全体に当てはまりのよいプロセスモデルを作成するのがプロセスマイニングのアルゴリズムです。

なお、プロセスマイニングツールに触れたことのある方はおわかりかと思いますが、このプロセスモデルの抽象度は自由に変更することが可能です。すなわち、全体の流れをざっくり把握できる抽象度の高いモデルから、すべてのバリエーションを再現した、最も抽象度の低い詳細なモデルまで、ツールの機能として「粒度」を変更できる可変スライダーが実装されています。

3 4つの基本アプローチ

プロセスマイニングをプロセス改善に活用するための4つの基本アプローチについて概要を解説したのち、各アプローチを個別に取り上げて詳しく解説します。

1 プロセス発見 ―― Process Discovery

プロセス発見は、プロセスマイニングの土台となる手法です。プロセス発見をベースに適合性検査、プロセス強化、運用サポートが行われます（**図3-4、次ページ**）。

プロセス発見とは、ITシステムから抽出したイベントログに基づいて、一定のアルゴリズムによって、対象プロセスをプロセスモデル、すなわち業務の流れを表すフローチャートの形で再現します。このプロセスモデルは、実際のシステム操作履歴を反映したものですので、「現状プロセスモデル」と呼ばれます。

再現されたプロセスモデルは、大きくは2つの切り口、すなわち「頻度（処理件数）」「時間

（処理時間）」での分析を行います。

頻度分析を通じて、たとえば、対象プロセスのどの箇所で処理件数が多いか＝作業負荷が大きいかを把握することができます。作業負荷が大きい箇所はしばしば処理が追い付かず、ミス多発による繰り返しや業務の滞留＝ボトルネックが生じやすいところです。

時間分析では、実際に対象プロセスの個々の工程でどの程度の処理時間を要しているかを把握します。ＫＰＩの目標値に照らして想定以上の時間が掛かっている場合、それは生産性が低い箇所ということになります。また、前の工程から次の工程に移る間の時間は「待ち時間」であり、この待ち時間が想定よりも長い場合、業務が滞留する「ボトルネック」であることが明確です。

2　適合性検査――Conformance Checking

適合性検査という呼び方は少し固い表現ですが、文字通り、手本となるプロセスと現状のプロセスを比較して、現状の業務手順がどの程度お手本に適合しているかを分析するアプローチです。

ここで手本となるプロセスは「標準プロセスモデル」や「参照プロセスモデル」とも呼ば

図3-4　プロセス改善のための4つの基本アプローチ

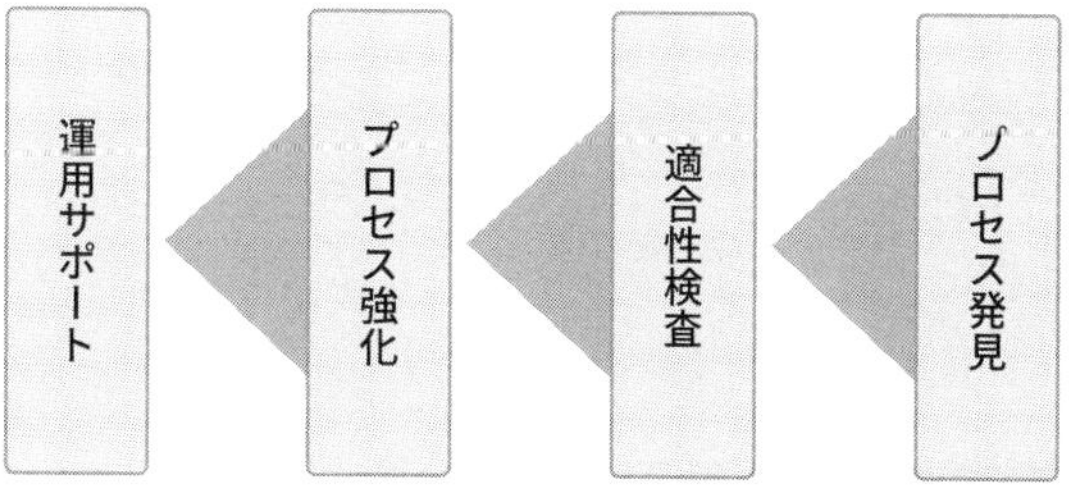

れます。すなわち、あるべき「理想プロセスモデル」です。一方、イベントログに基づくプロセスは「現状プロセスモデル」です。

　適合性検査は、理想プロセスを「正」として、現状プロセスがどのように乖離、逸脱しているかを明らかにします。具体的には、理想プロセスには含まれていない手順を現状プロセスでは行っている場合（やってはいけない手順実行）や、逆に、理想プロセスに含まれている手順が現状プロセスでは実行されていない場合（やるべき手順の不実行）などです。

3　プロセス強化――Process Enhancement

　プロセス強化は、「プロセス発見」や、「適合性検査」の分析結果を踏まえて、非効率なプロセス、ボトルネックを特定し、有効な改善施策を検討し、より優れたプロセスを設計・

開発するアプローチです。

プロセスマイニングツールでは、不要と思われる手順をカットしたり、業務手順を組み替えたり、ボトルネックを解消するために要員配置を変更したり、またRPAによる自動化を行った場合にどの程度の改善が期待できるかをシミュレーションできる機能が備わっているものがあります。シミュレーションを行うことにより、プロセス強化のための優れた改善施策はどのようなものになるかを事前に検証した上で展開できます。

4　運用サポート――Operational Support

従来、プロセスマイニングの分析対象は、過去の完了したイベントログでした。運用サポートでは、現在仕掛中のプロセス、すなわち未完了の案件に係るイベントログをほぼリアルタイムでプロセスマイニングツールに流し込み、逐次分析を行います。そして、今まさに運用中の処理プロセスにおいて非効率、ボトルネックの箇所や逸脱を発見、あるいは予測し、担当者にメールやチャットなどでアラートを出すことで、問題の芽を早めに摘み取り、問題発生を未然に防ぎます。

運用サポートでは、予測分析などの高度な分析が行われるためＡＩ（人工知能）も組み込まれており、現在最も最先端のアプローチと言えるでしょう。

5 プロセス発見の実際

では、「プロセス発見」のアプローチについて詳しく解説します。

プロセス発見は、プロセスマイニングの土台となる手法です。プロセス発見を起点にして、さまざまな応用的な分析、すなわち適合性検査、プロセス強化、運用サポートが行われます。

プロセス発見とは端的に言えば、イベントログに基づいて「プロセスモデル」、すなわち対象プロセスのアクティビティの流れを表した「フローチャート」を自動的に作成することです。事前に、どのような手順で行われているか、といった情報を与える必要はありません。イベントログの情報（必須情報は案件ＩＤ、アクティビティ、タイムスタンプ）だけを用いて、固有のアルゴリズムによってフローチャートを自動的に再現します。

従来、プロセスの流れはモデリングツールを用いて、手作業でフローチャートを作成していました。元となるのは、システム関連のドキュメント類、現場担当者へのヒアリングやワークショップによって得られた情報です。

図3-5　頻度分析のサンプルフロー

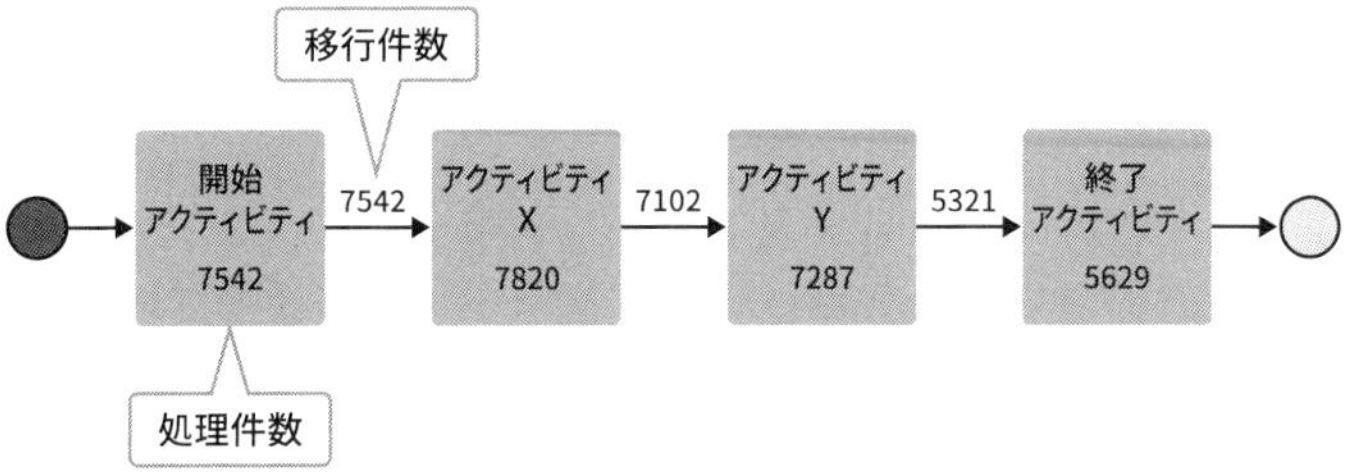

一方、プロセスマイニングでは、ＩＴシステムから業務に関わる操作履歴をイベントログとして抽出し、ツールにアップロードすれば自動的にフローチャートを作成してくれます。このことから、プロセスマイニングは初期の頃、「ＡＢＰＤ（*Automated Business Process Discovery*）」、すなわち、「自動化された業務システム発見」とも呼ばれていたのです。

さて、プロセス発見のアプローチでは、さまざまな視点での分析が行えますが、基本となるのは「頻度分析（*Frequency Analysis*）」と「パフォーマンス分析（*Performance Analysis*）」です。

▼頻度分析——Frequency Analysis

頻度分析では、各アクティビティの処理件数、および複数のアクティビティの間を移動した移行件数に着目します。**図3-5**のサンプルフロー図で解説します。

開始アクティビティの処理件数は７５４２件です。その次の

図3-6　セロニス：頻度分析画面イメージ

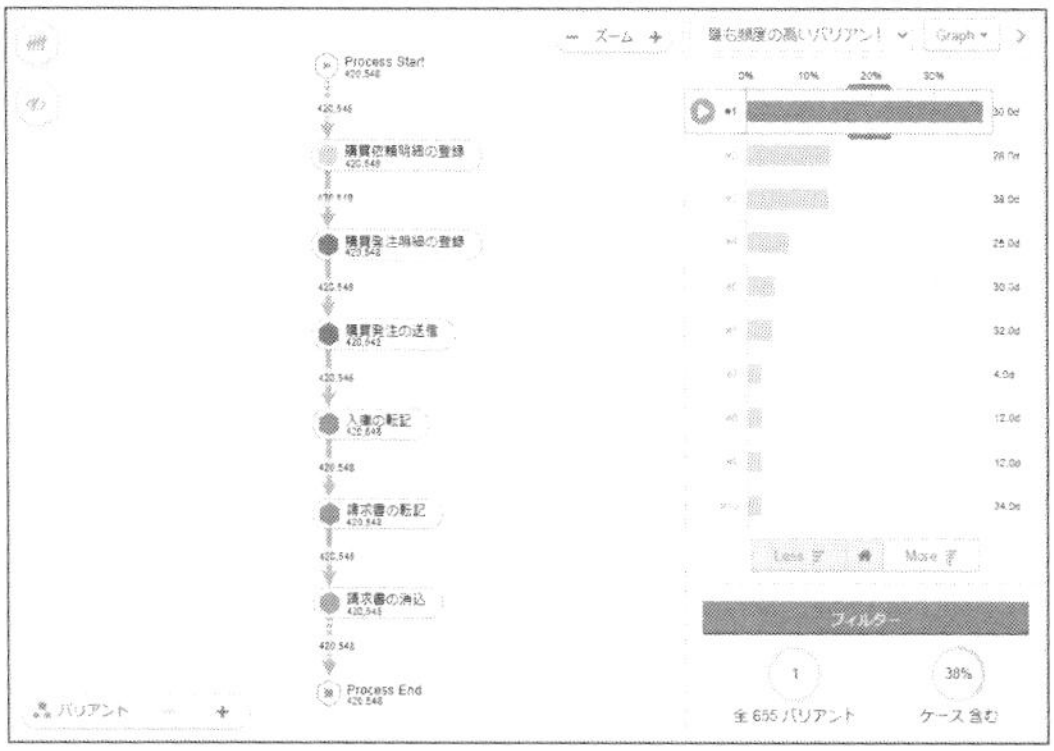

アクティビティXへの移行件数も同じく7542件です。開始アクティビティで処理された案件（ケース）はすべてアクティビティXに移行したことがわかります。

アクティビティXの処理件数は7820件となっています。移行件数7542件よりも多い理由としては、アクティビティXは同じ案件について繰り返し業務が発生していることが推定されます。何らかのミスをした場合など、操作をやり直したために繰り返し業務（リワーク）として記録されたということです。

アクティビティXからアクティビティYに移行しているのは7102件と大きく減少しています。こ

図3-7　パフォーマンス分析のサンプルフロー

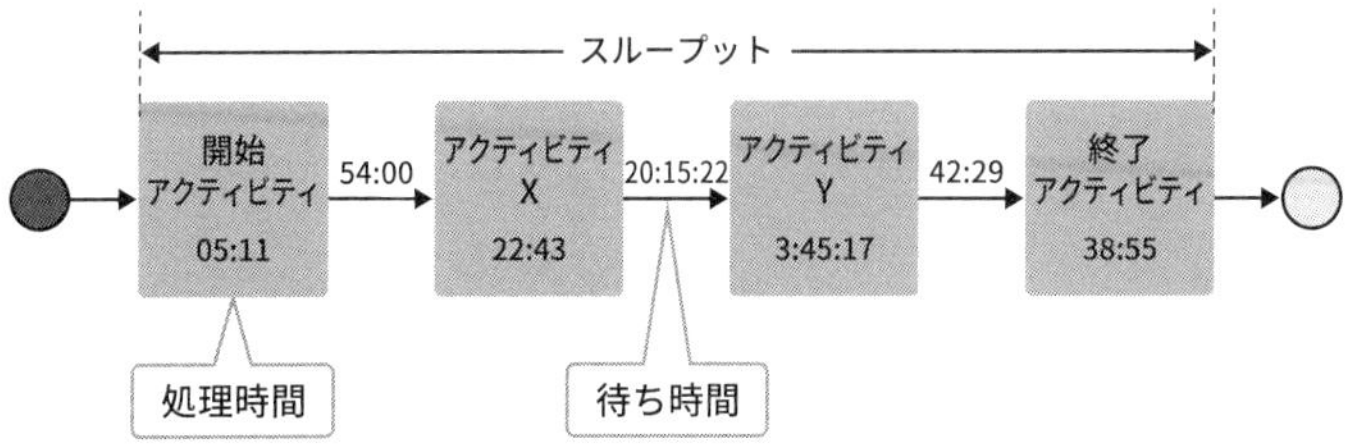

れは、アクティビティXの後、手戻りが発生して前工程に戻ったり、まったく別のアクティビティへ移行していたり、分析時点ではアクティビティXが最後のアクティビティとして記録されていたりしたためです（注：簡略化したサンプルのため他のアクティビティへの移行は示していません）。

頻度分析の場合、処理件数や移行件数が相対的に多くなっているところを中心に分析を深掘りします。件数が多いということは作業負荷が高いということですから、次項のパフォーマンス分析と併せて、生産性の低下やボトルネック発生がないかを確認し、改善すべき問題を特定していきます。

▼パフォーマンス分析――Performance Analysis

パフォーマンス分析は「時間」に基づく分析です。**図3-7**のサンプルフロー図で解説します。

開始アクティビティから終了アクティビティまでの総所要時

間＝スループットは、対象プロセスのパフォーマンス分析において最も重要なＫＰＩと言えるでしょう。

プロセス改善の第一の目的は多くの場合、このスループットの短縮にあります。案件処理を開始してから終了までのスループットが短ければ短いほど、生産性は向上し、処理コストも低下するからです。

スループットは、「サイクルタイム」とも呼ばれます。ある定型的な業務、たとえば特定製品の製造工程において次々と新たな製品を生み出すサイクルにおける1件あたり平均処理時間のことです。

分析の手始めとして、まず全案件の平均スループットを算出します。その上で、平均スループットよりも著しく長くなっている問題プロセス、逆に、平均スループットよりも短いプロセスを把握します。前者に関しては、なぜスループットが長くなってしまっているのかの原因を探ります（たとえばミスが多く発生して繰り返しが多い、手戻りが発生しているなど）。

一方、スループットが平均より短いプロセスは、それが正しい手順で行われているとするなら効率のよいやり方とみなすことも可能です（こうしたプロセスのバリエーションと併せて分析

図3-8　セロニス：パフォーマンス分析画面イメージ

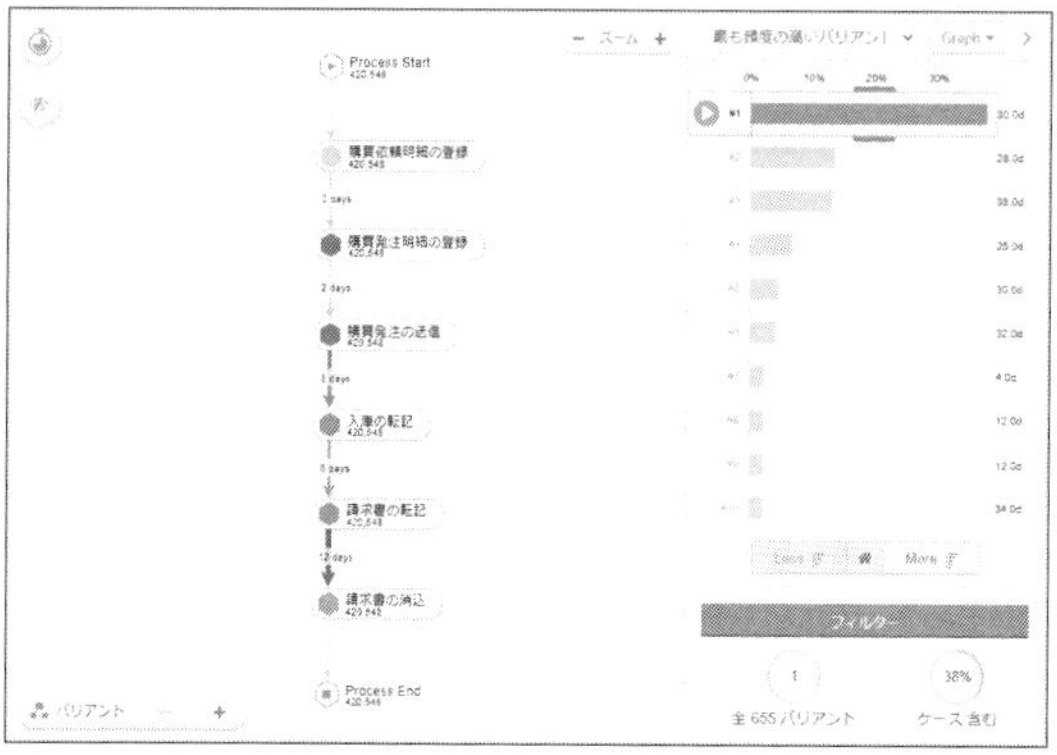

することは、後述する「バリアント分析」と呼ばれます）。なお、平均ではなく、中央値、最大値、最小値での確認も続いて行います。ばらつきの度合いについては、標準偏差を確認します。

サンプルフロー図に戻りましょう。アクティビティごとの時間は処理時間、また複数のアクティビティの間は待ち時間です。サンプルフローでは、開始アクティビティの処理時間は5分11秒です。開始アクティビティからアクティビティXをつなぐ線上の時間は54分。これは待ち時間です。開始アクティビティが完了した時間から、アクティビティXの処理が開始される時間までの間の時間だからです。

さて、アクティビティごとの処理時間が、ＫＰＩの目標値よりも長い場合、効率性が低いという判断になります。たとえばアクティビティＹの処理時間は3時間45分17秒です。もし、当アクティビティのKPI目標値が「3時間」とするなら、約45分余計に時間がかかっているわけですから効率がよくない。なんとか処理時間を短縮すべき問題箇所となります。

また、その前のアクティビティXからアクティビティYの間の待ち時間は20時間を超えています。これも、KPI目標値よりも長ければ、業務が滞留している＝ボトルネックの発生ということになり、是正対象ポイントとして原因追求を図る必要があります**（図3−8）**。

▼バリアント分析――Variant Analysis

プロセスマイニングの分析対象とするイベントログデータの件数は、一般に数百件から、数百万件になります。ここでの件数は対象プロセスで処理される案件数です。たとえば、経理部における請求書の処理プロセスの場合、処理された請求書の件数のことです。これは経理部で利用しているITシステムに請求書を登録する際に付番されたIDの数と一致するでしょう。問題は、それらがすべて同じ手順で処理されているわけではないことです。

多くの業務システムにおいては、開始アクティビティと終了アクティビティが同じ「定型

図3-9　バリアントン分析のサンプルフロー

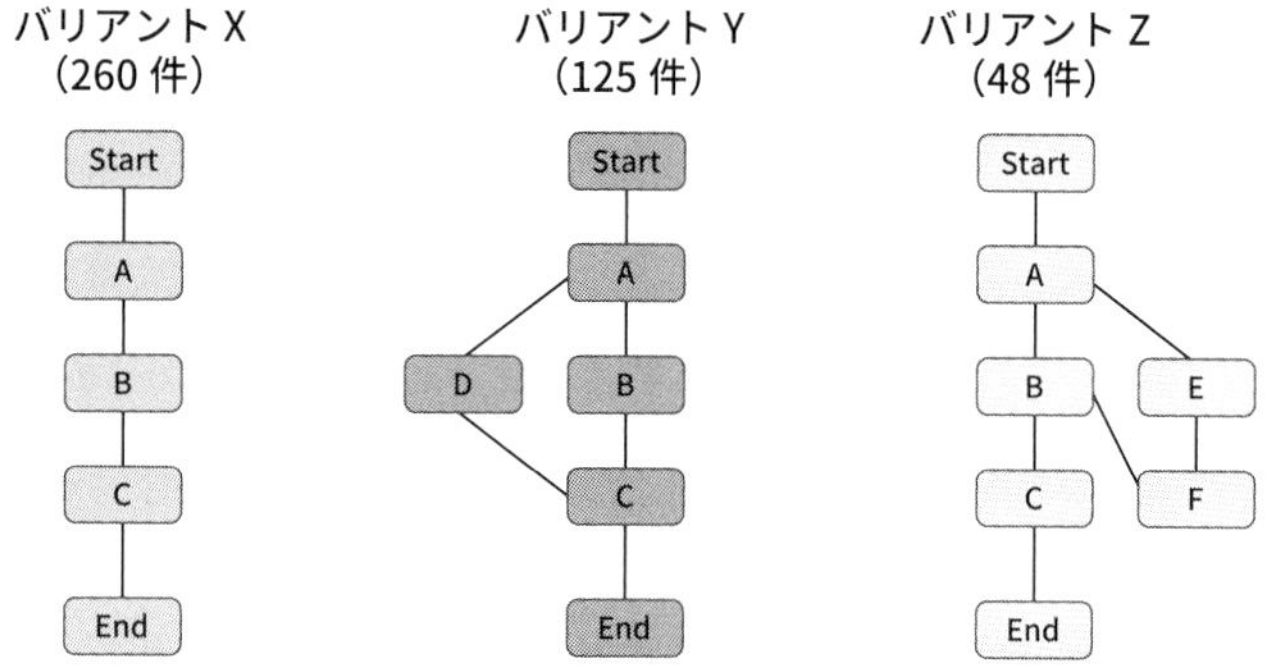

ビジネスプロセス」を前提にプログラムされていますが、中間処理のプロセスにはさまざまなバリエーション、例外処理がありえます。請求書処理プロセスであれば、金額などに応じて上長承認が必要なもの、必要でないもので手順が異なります。内容不備の場合の差し戻し、再受け付けというイレギュラーな手順もあるでしょう。

バリアント分析は、こうしたバリエーションが何パターンあるのかを判定し、それぞれのバリエーションで処理された案件数を算出します。もちろん、それぞれのバリエーションについてのプロセスモデル、すなわちフローチャートを作成し、頻度分析やパフォーマンス分析を行うことができます。

バリアント分析のイメージ図では**(図3-9)**、3つの

図3-10　マイインヴェニオ：ソーシャルネットワーク分析画面イメージ

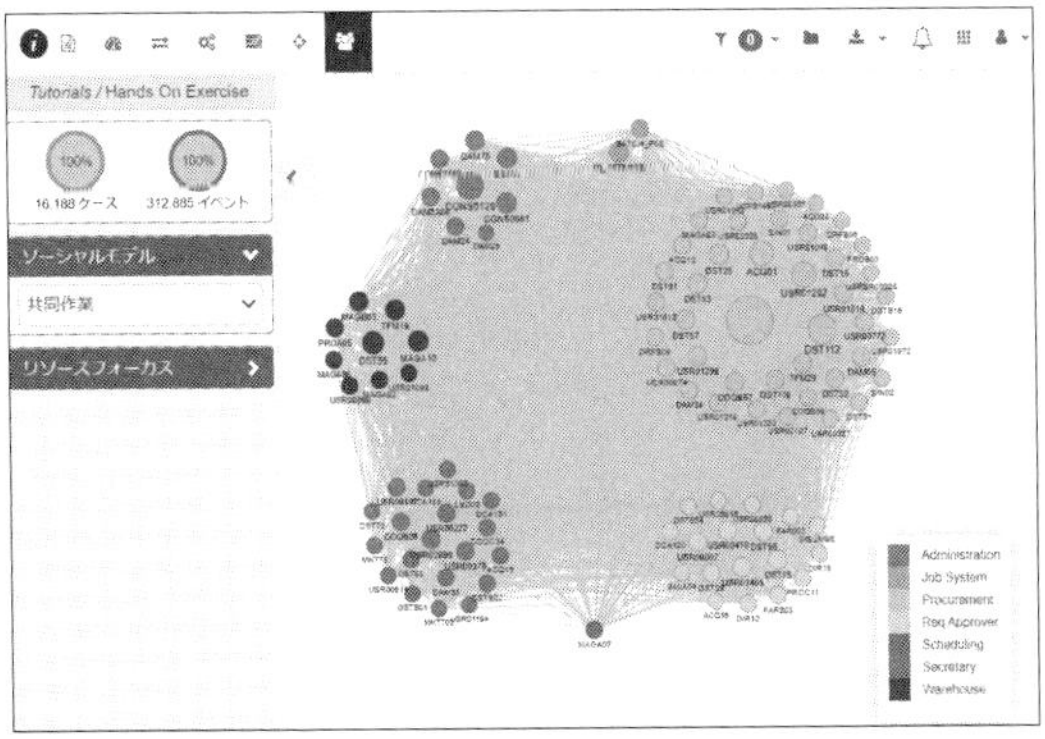

バリエーションが存在していることを示しています。合計処理案件数４３３件（２６０件＋１２５件＋48件）のうち、バリアントXが最も多く処理されているパターンであることがわかります。バリアントは開始から終了までシンプルな流れであり、余計な分岐や手戻り的なものがありません。こうした処理件数が多いバリアントはしばしば「ハッピープロセス」と呼ばれることがあります。多くの場合、ハッピープロセスは効率的でボトルネックがなく、スループットが最も短いからです（必ずしもそうでない場合もあります）。

一方、バリアントZは、バリアントXと比べて手順が多くなっています。パフォーマンス分析で比較すれば、おそらくバリアントZのスループットはバリアントXよりも長いでしょう。バリアントZが上長の承認が必要であるなど、不可欠な手順を踏んでいるのであれば問題はありません。しかし、担当者の裁量でやらなくてもよいことをやっている、あるいは何らかのミスによって手順が増えてしまっているとしたら是正すべき問題箇所ということになります。

以上、プロセス発見の基本的な分析視点を解説しました。プロセスマイニングツールによっては、リソース（担当者）のデータを付加することにより、担当者間の関係性を可視化する「ソーシャルネットワーク分析」を行うことができます（図3-10、前ページ）。また、費用に関わるデータ（1件あたりの処理コスト、1アクティビティごとの処理コストなど）を追加することにより、コスト視点でのさまざまな分析が可能です。

6　適合性検査の実際

次に、「適合性検査」のアプローチについて詳しく解説します。

適合性検査は、ひとことで言えば標準プロセスからの逸脱があるかどうかを確認するために行う比較分析の手法です。ここでの「標準プロセス」とは、あらかじめマニュアルなどに示されている規範となる「正しい手順」、あるいは例外処理がなく、円滑に業務が遂行された

図3-11　購買プロセスにおける適合性検査例

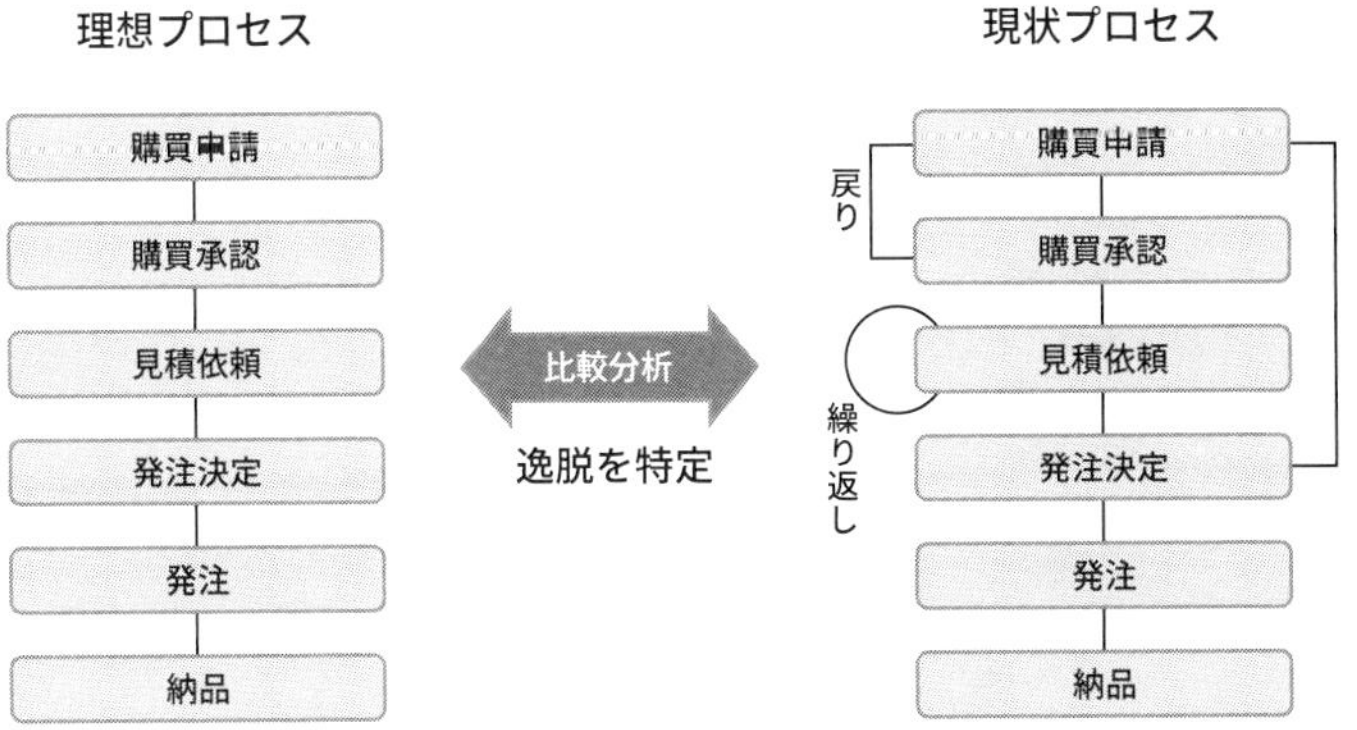

場合の一般的な手順のことです。

標準的なプロセスは基本的に無理・無駄がなく、スループットも最短、コストも最小であることから、すべての案件が標準的なプロセスに沿って行われるのが理想です。しかし、現実には、マニュアル通りに業務が行われるとも限りません。また例外処理もやむを得ず発生することでしょう。

そこで、プロセスマイニングでは、標準となる理想プロセスと、イベントログから再現した現状プロセスの比較分析を行い、標準プロセスを正とした場合に、現状プロセスがどの程度適合しているかを詳細に検証します。だから「適合性検査」なのです。

図3-11のイメージ図では、左側に理想プロセス、右側に現状プロセスのフローチャートが表示されて

図3-12　マイインヴェニオ：適合性検査画面イメージ

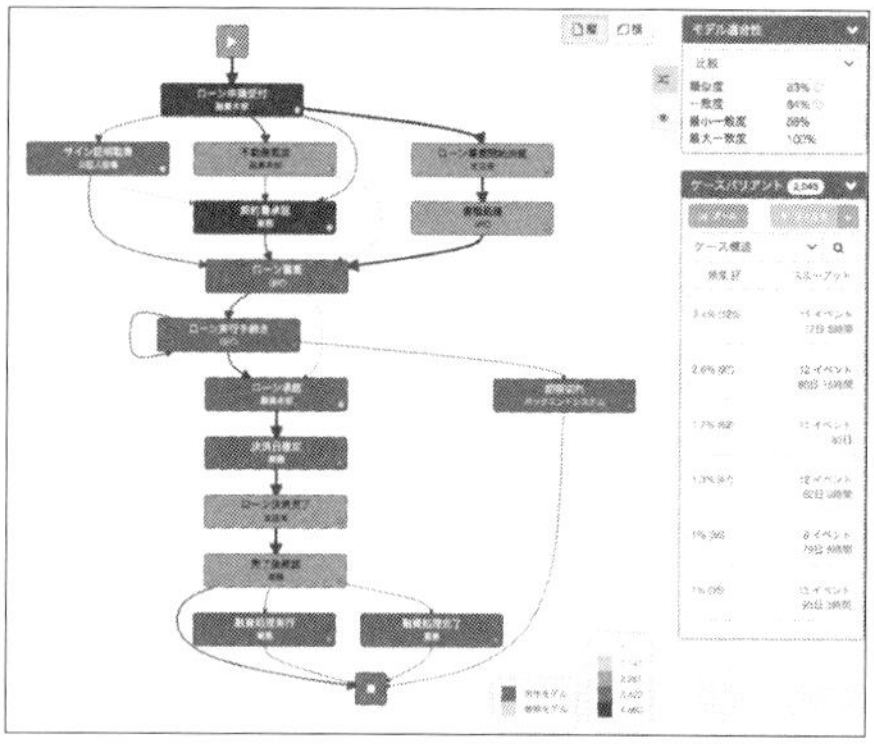

います。これは、購買プロセス（P2P）における適合性検査例です。

理想プロセスは、購買申請から納品まで何の問題もなく円滑に業務が行われた場合の手順です。これを基準に現状プロセスを見ると2つの逸脱が存在していることがわかります。

1つは、購買承認のアクティビティから、その前の購買申請のアクティビティへと戻る流れが発生しています。購買申請内容に何らかの不備があり、購買申請者に戻された（再申請要求）ものと考えられます。もう1つの逸脱は、見積依頼のアクティビティで繰り返しが発生していることです。サプライヤに対して何度か繰り返し見積依頼が行われたことがうかがわれます。

前記2つの逸脱はもちろん、現実には起こりうる想定内の逸脱ではあります。大事なのは、逸脱をゼロにすることは不可能としても、逸脱をできるだけ減らすことにより、明確に工数が削減でき、スループット短縮、処理コストの低減が実現することです。

たとえば、購買申請内容に不備があることで購買部からの戻しがあり、購買の再申請を行うケースが多い場合、申請前に内容不備を減らすような工程を増やしたり、システム上のチェック機能を追加したりするなどの改善施策が考えられます。こうした改善施策によって再申請回数を減らすことが重要なのです。

▼逸脱の2つのパターン

標準プロセスに対する現状プロセスの逸脱には、大きくは2パターンあります。

●標準プロセスには含まれていない手順・アクティビティが発生している

やってはいけないこと、やらないほうが望ましいことを実施している、という逸脱です。前項の解説で示した「戻り」や「繰り返し」は、やらないほうが望ましいけれど実施しているケースがあるというものです。

購買プロセスでは、しばしば、購買承認を得る前に発注が行われるケースがあります。急を要するので購買承認が下りる前に発注せざるを得ない、ということが現実には起こります。この「購買承認前発注」という逸脱プロセスは、英語では「マーベリックバイング（直訳すると異端購買）」と呼ばれる逸脱です。これは、厳密に言えば「行ってはならないプロセス」ですが、完全禁止が困難であり、行うことがやむを得ないのであれば、できるだけ減らすべきプロセスでもあります。

●標準プロセスに含まれている手順・アクティビティを実施していない

やるべきことをやっていない、端折っている、という逸脱です。これは、製品の検査プロセスにおいては大問題となりかねない逸脱だと言えるでしょう。本来実施すべき検査工程が、何らかの理由で端折られてしまうという状況はさまざまな現場でしばしば観察されることです。しかし、その結果として、製品が世の中に出たとき、損害賠償につながるような大事故を起こす、あるいはリコールによる製品回収となった場合の損害は多大なものとなります。

したがって、検査工程がある程度ＩＴシステムで管理されており、イベントログを通じて検査プロセスの見える化が可能であれば、この「やるべきことをやっていない」という種類の逸脱を発見するための適合性検査を行うべきでしょう。

▼理想プロセスの設定

適合性検査を行いたいが、そもそも標準となる理想プロセスを規定していない、マニュアルなども存在しないというケースがあります。むしろ、事前に理想プロセスが確立されているケースよりも、理想プロセスは明文化されていないケースのほうが多いと言えます。

プロセスマイニングツールを用いて適合性検査を行う場合、理想プロセスの元となるイベントログのアップロードとは別に、理想プロセスのデータをアップロードする必要があります。ここで理想プロセスを作成する方法には2つあります。

●理想プロセスをモデリングツールで作成

対象プロセスを実行しているＩＴシステムのドキュメントやマニュアルに標準的な手順が示されていた場合、これをベースにモデリングツールを用いてＢＰＭＮ形式でプロセスフローチャートを作成します。この作成した理想プロセスをプロセスマイニングツールにアップロードします。

●現状プロセスのバリエーションから、理想プロセスを抽出

イベントログから再現した現状プロセスには多くのバリエーションが存在します。プロセス発見の「バリアント分析」によって、どのようなプロセスパターンがあるかを検証、そのなかで理想的なプロセス＝ハッピープロセスがあれば、それを理想プロセスとして抽出し、必要に応じて多少の整形を行った後、プロセスマイニングツールに再投入すれば、他のプロセスパターンとの適合性検査が可能となります。

7　プロセス強化の実際

プロセス強化は、プロセス発見や適合性検査などで特定できたさまざまな問題（非効率、ボトルネック、逸脱など）に対して、根本原因分析を行って原因をつきとめ、改善施策を展開し、より望ましいプロセスへと変革していく取り組みのことです。

33ページで解説したプロセスマイニングの効用（**図2－4**）から、プロセス強化に関係する改善施策に改めて触れましょう（**図3－13中の黒枠の施策**）。

図3-13 プロセス改善とその強化ポイント

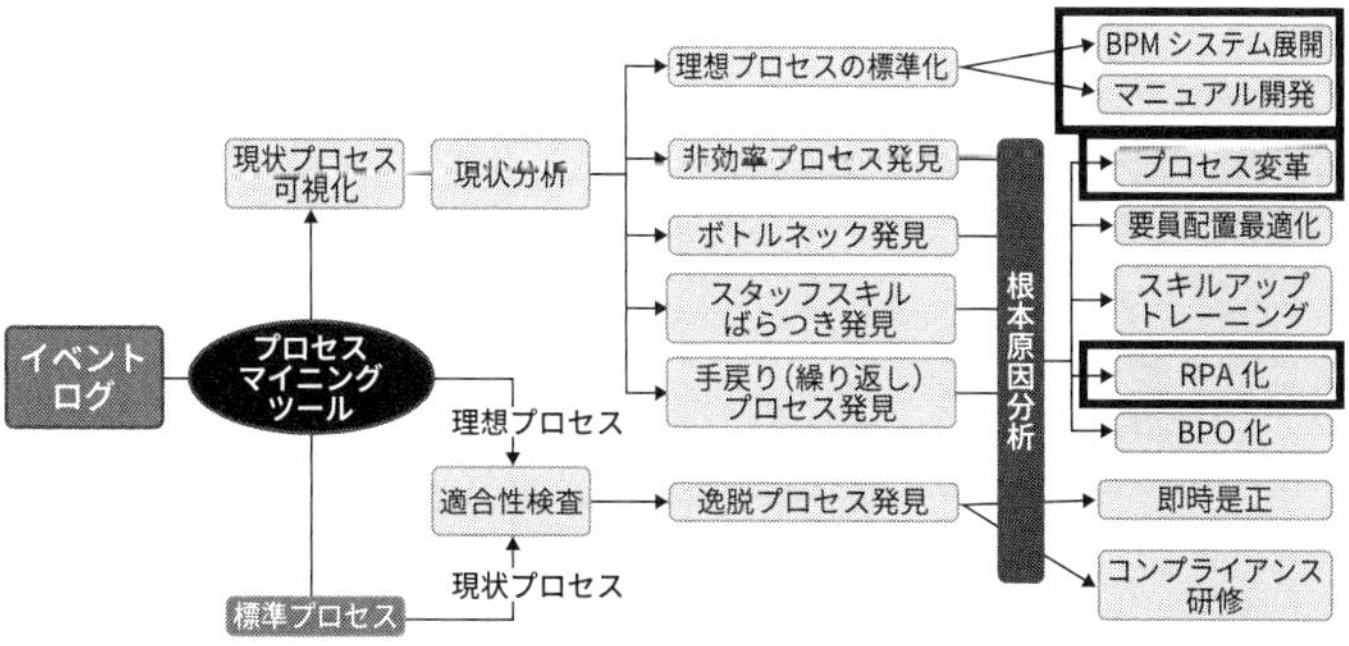

まず、イベントログから可視化された現状プロセスの複数のバリエーションから、理想プロセスが発見できたら、これの標準化を図り、BPMシステムに実装・展開することで、標準プロセスが確実に実行できるようにします。併せて、マニュアルの開発も有益でしょう。

なお、ここでの「理想プロセス」とは、効率が高く、ボトルネック発生が少ない、また逸脱のないプロセスのことであり、多くの場合、スループット最短、処理コスト最少となります。

また、プロセスの一部の工程がムダであるなら、ばっさりとその工程をカットしたり、適切な順番に手順を入れ替えたり、直列処理から並行処理に切り替えるなどの「プロセス再設計」を行うことが有効である場合も多いでしょう。

こうしたプロセスの改善においては、モデリングツールに現状プロセスを投入して、BPMN形式のフローチャート上でプロセス改善のための再設計を行う必要があります。モデリング機能は、プロセスマイニングツールによってはすでに組み込まれているものがあります。モデリング機能がないプロセスマイニングツールの場合は、現状プロセスをBPMN形式でダウンロードし、別途モデリングツールにアップロードして編集を行うことになります。

単純な繰り返し作業や定型手順となっているプロセスは、RPAによる自動化の有力な候補となります。RPA化に当たっては、タスクレベルの詳細な手順を把握する必要があります。このためには、現場担当者へのヒアリングを行うことになりますが、タスクマイニングによってPC操作ログを収集し分析すれば、ファクトベースでのタスクフローの可視化が可能になるだけでなく、そのままRPAのプログラムに展開できる場合もあります。

なお、プロセス変革、RPA化に当たっては、プロセス改善による具体的な成果（リードタイム短縮、コスト削減、ミス低減など）がどの程度期待できるかを事前に検証したいものです。プロセスマイニングツールのなかにはシミュレーション機能が実装されているものもあり、そうしたツールを活用すれば、プロセス強化の成果を定量的に検証できます。もちろん、モデリングツールにもシミュレーション機能が備わっているので、モデリングツール上でのシミュレーションで効果検証を行うことも可能です。

8 運用サポートの実際

プロセスマイニングは、プロセス発見、すなわち過去の、完了済みプロセスのイベントログから現状プロセスを把握することが出発点です。さらに、適合性検査やプロセス強化によって、新たなビジネスプロセスを定義し、新ビジネスプロセスに基づく運用を始めたら、その後は、着実に、逸脱なく、新ビジネスプロセスが実行されているかを継続的にモニタリングすべきでしょう。

運用サポートでは、現在走っている「未完了のプロセス」のデータをプロセスマイニングツールにリアルタイムで流し込み、完了までの推定リードタイムを予測したり、逸脱した手順や過度の業務集中、ボトルネックの発生を捕捉したりして、関係者に通知し、即時の是正を図るものです。

図3-14　リアルタイムプロセス是正のイメージ

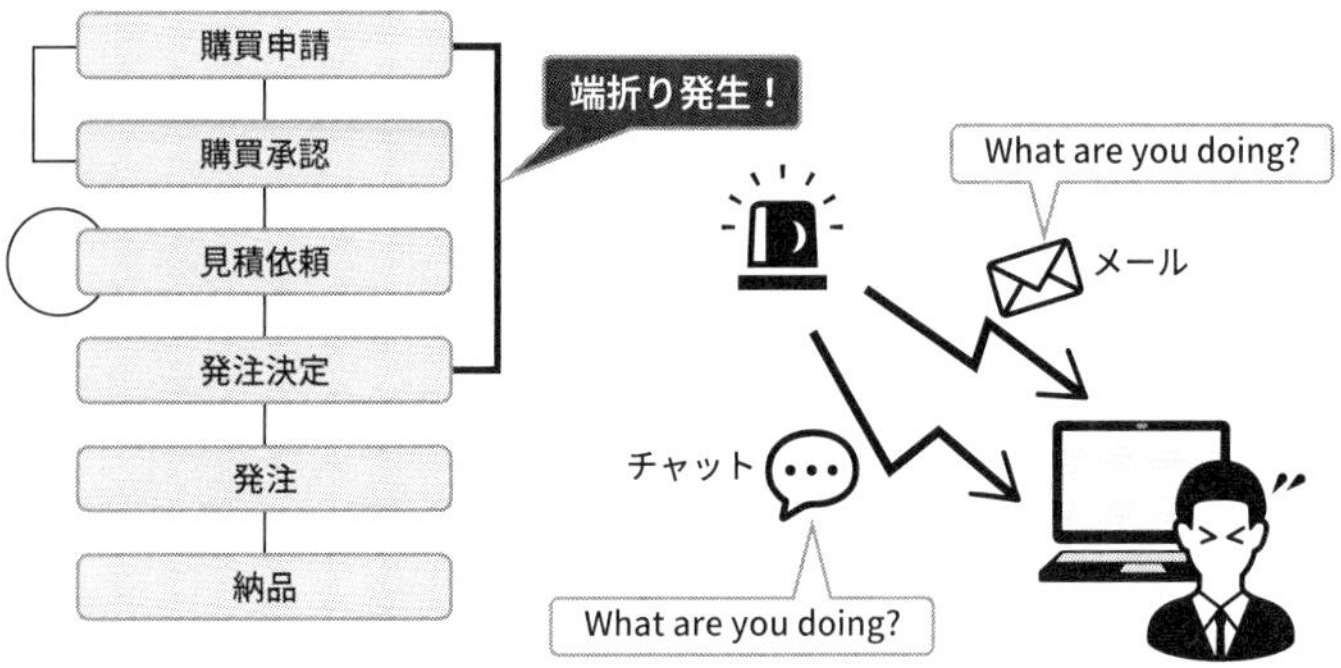

図3-14は、購買プロセスにおいて、未完了の案件、すなわち現在仕掛中のプロセスについて、リアルタイム（現実には1日1回のバッチによるデータ自動流し込みが多い）でイベントログデータをプロセスマイニングツールに流し込んでいるものです。

この例では、購買申請から発注決定へと直接の流れが発生していることについて、購買承認、見積依頼という正当な手順を端折った案件と認定され、担当者に対し「コンプライアンス違反となる逸脱が発生していますよ」というメッセージをメールやメッセンジャーで送信します。もちろん、このようなアラートメッセージを送信するためには、事前に各種ルールを設定しておく必要があることは言うまでもありません。

また、プロセスマイニングツールによっては、予測分析機能も実装されており、現在仕掛中の案件について、スループットがKPI目標値に収まるかどうかを推測し、目標値より長くなりそうなプロセスを発見することができます。
スループットが目標より長くなるということは、受注プロセスの場合なら、納期が予定よりも遅れる可能性があるということであり、放置すれば顧客からのクレームが発生したり、処理コストの上昇を招いたりするため、直ちに何らかの措置を取り、スループット短縮を目指す必要があるわけです。このような予測分析を実行するためには、過去のイベントログデータに基づく「所要時間予測モデル」を開発し、プロセスマイニングツールに組み込まなければなりません。そこで、AI（人工知能）の機能がツールに実装されています。

プロセスマイニング分析は、BPR（*Business Process Reengineering*）や業務改革プロジェクトにおいてひと回ししたら終わりではありません。新ビジネスプロセスへと改訂後の効果検証とモニタリングを通じて、継続的なプロセス改善（*Continuous Process Improvement*）につなげてこそ、その最大の価値を手にすることができるのです。

4章

プロセスマイニング活用に向けて

プロセスマイニングは欧州企業での活用が先行しています。
・ビジネスプロセス運営コストに敏感
・社内業務などに複雑なプロセスを抱えている
という点で共通する課題を持つ
金融、航空、重電、医療などでの活用事例を紹介しています。

1 プロセスマイニングの導入・活用状況

プロセスマイニング市場はまだ新しいため、市場全体を把握できるデータや資料がほとんど存在しません。そんな中、イタリアのＩＴコンサルティング会社、「HSPI Management Consulting」が２０１８年から毎年発行している「Process Mining: A DATABASE OF

APPLICATION」は、プロジェクト件数ベースでのプロセスマイニング活用状況を伝えてくれる貴重な調査資料です。

具体事例を紹介する前に、上記調査資料の2020 Edition（2020年1月20日公開）の一部を紹介します。なお、本調査は、世界各国のプロセスマイニングツールベンダーや、プロセスマイニング導入を支援するコンサルティング会社などに協力を仰ぎ、任意に提出された過去のプロジェクトの件数や概要に基づくものです。調査に協力していないベンダー、コンサルティング会社などのプロジェクトはカウントされていないため、市場全体を網羅した調査結果ではない点を留意してください。

1　年別プロジェクト件数推移

まずは、年別のプロセスマイニングのプロジェクト件数の推移を見ましょう。次ページのグラフからわかるように、2011年からの伸びがめざましく、2018年は100件に届こうとする勢いです（**グラフ4-1、次ページ**）。

2019年は75件と減少してしまいますが、HSPIは、調査時期が2019年秋だっ

グラフ4-1　年別プロセスマイニングプロジェクト数（2005-19）

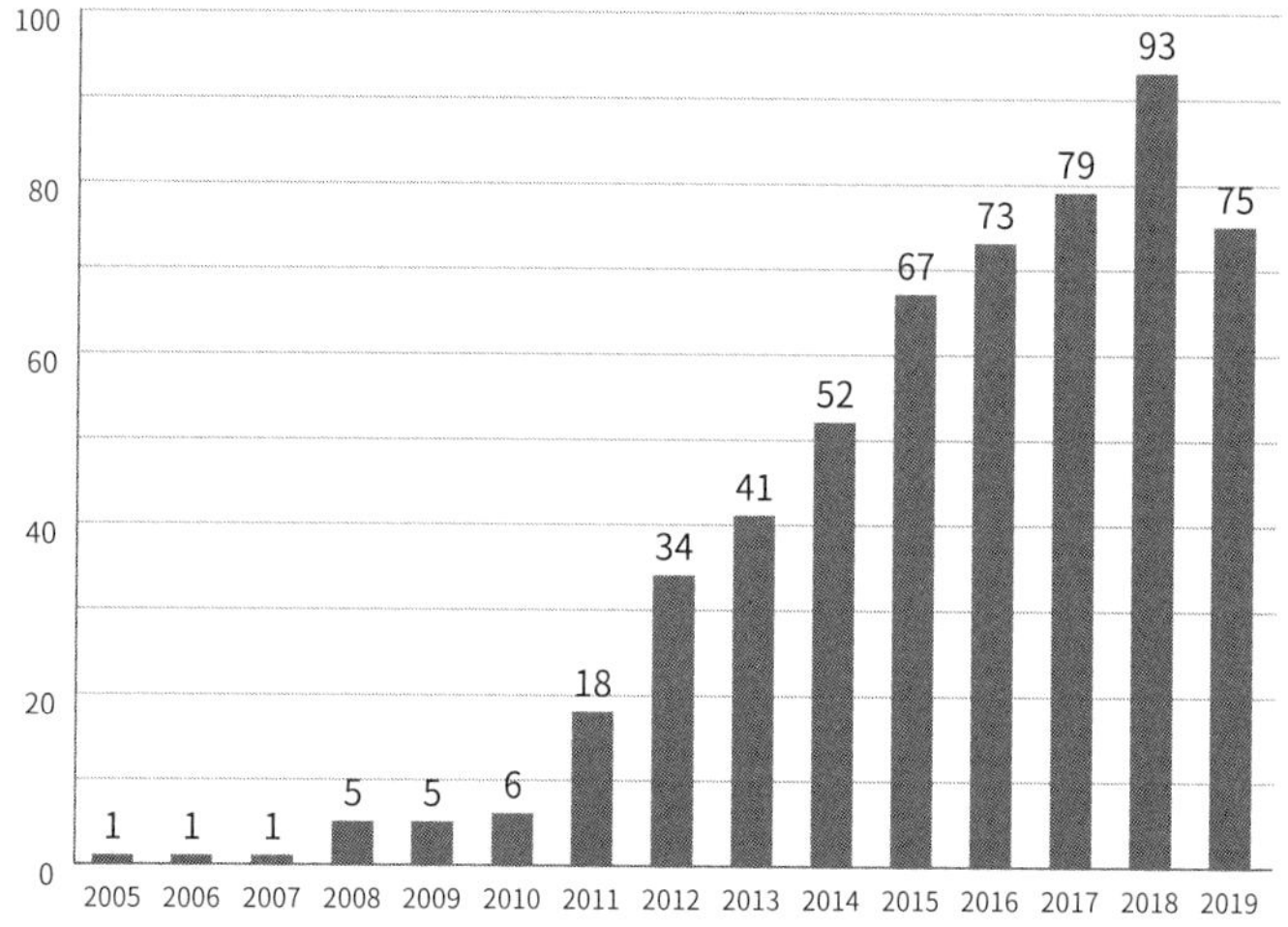

出典：HSPI

たため（２０１８年以前はもっと遅い時期に実施された）、未完了プロジェクト分が含まれていないためだろうと述べています。２０２１年版で明らかになりますが、実際には、２０１９年の年間プロジェクト件数は１００件を大きく超えていると思われます。

２　産業別プロジェクト件数

次に、２００５〜１９年の総プロジェクト件数５５１件の産業別の内訳を見てみましょう**（グラフ４‐２）**。最も多いのは、航空、自動車、建設、物流などの業界で22％。航空業界だと、エア

グラフ4-2　産業別プロジェクト構成比（2005-19）

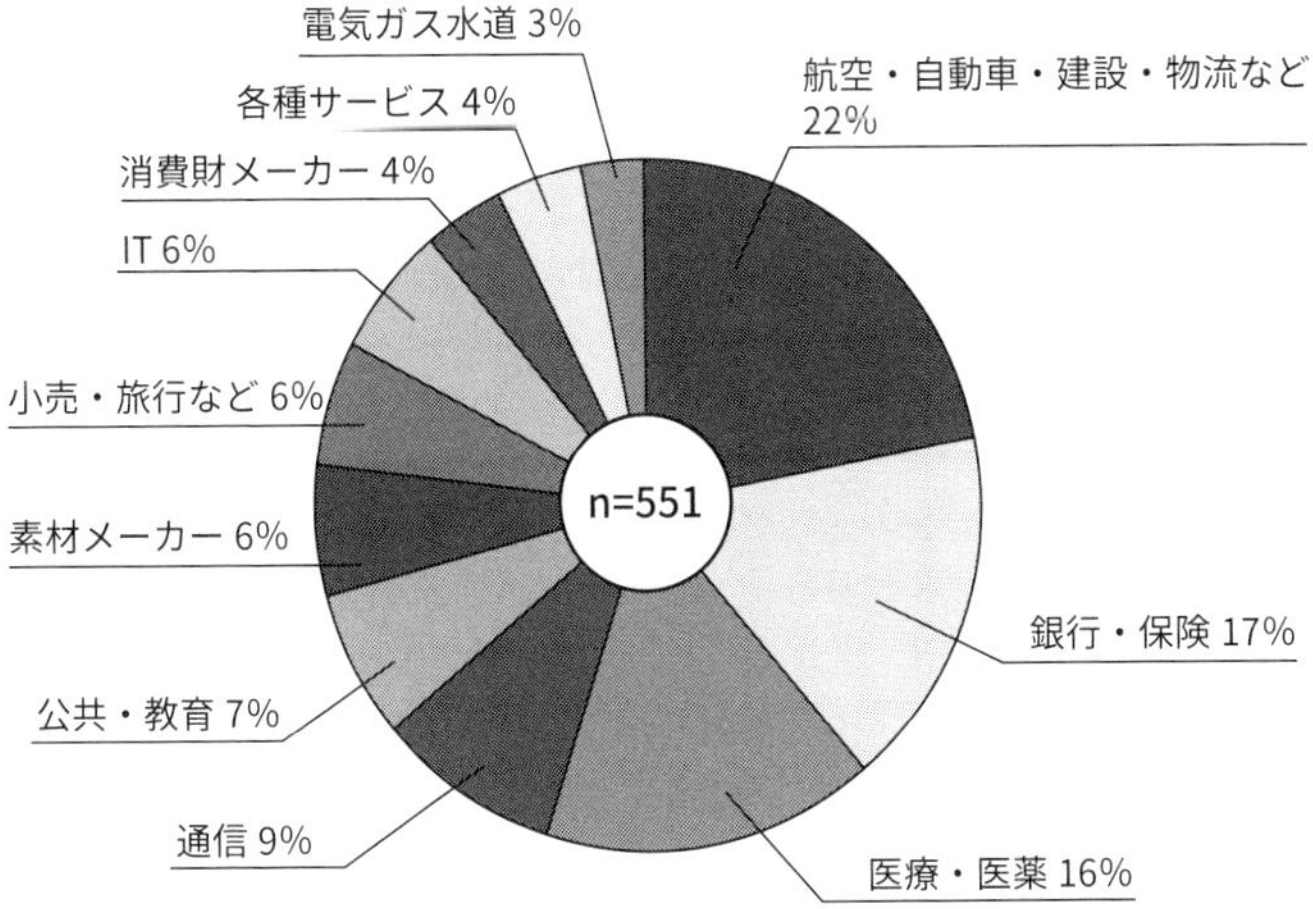

出典：HSPI

バス、ルフトハンザ航空、また自動車業界では、BMW、PSI、フェラーリ、ポルシェなどがプロセスマイニングに取り組んでいることが知られています。

次いで、「銀行・保険」で17%。保険業界の場合、膨大な保険金請求処理など、さまざまな定型的な手続きに係る社内業務が煩雑であることから、コスト削減余地が大きいと考えられます。

3位につけているのは「医療・医薬」で16%です。プロセスマイニングは、初期の頃、病院での医療行為（医療検査など）への適用事例が多く報告されていますが、近年は製薬会社での導入も進んでいます。

3　地域・国別プロジェクト件数

地域・国別のプロジェクトの構成比については簡潔に触れるに留めます。プロセスマイニング発祥の地、欧州が最も多く37・6％を占めています。次いで、米国5・0％、ブラジル4・0％、オーストラリア3・8％と続いています。

4　プロジェクト対象プロセス・目的

この調査資料は、DATABASE OF APPLICATIONとあるように、各プロジェクトについて、企業名（匿名の場合もあります）、業種、プロジェクト概要が収録されています。簡潔なプロジェクト説明なので詳細は推測するしかないのですが、価値ある事例集だと言えます。

2019年の最新事例をざっと眺めてみると、従来多かった購買プロセス（P2P：*Procure to Pay*）、受注プロセス（O2C：*Order to Cash*）や、ヘルプデスクのITSMプロセス以外の多様なプロセスへと適用が広がっているのがわかります。また、RPAによる自動化を目的に、タスクレベル分析、すなわちタスクマイニングの事例もいくつか登場しています。

2 導入・活用事例

本節では具体事例を紹介します。個別のプロセス改善に取り組む事例から全社的な規模で取り組む事例まで、どれも有益な知見が得られます。

1 サンコープ——保険金請求処理プロセスの劇的改善

サンコープ（*Suncorp*）はブリスベーンに本社を置く、オーストラリア最大の保険・金融事業グループです。従業員数は1万6千人以上、顧客数は900万人に上ります。

サンコープ社がプロセスマイニングに取り組んだ時期も早く、2012年頃からです。当時、商用ツールはほとんど普及していません。そこで同社では、オープンソースのプロセスマイニングツール、「ProM」を利用し、クィーンズランド工科大学の研究者の支援を受けて保険業務のプロセスマイニング分析に取り組んだのです。

保険業務のプロセスは、エンド・ツー・エンドでは、保険商品の開発から販売、サービス、そして保険金請求処理までが含まれ、業務要素は５００に上ります。また、保険商品の種類としても、家財保険、自動車保険をはじめ30種類を超えます。結果として、プロセスのバリエーションとしては3千以上と非常に複雑なものです。

こうした複雑なプロセスを運営するサンコープ社では、次のような課題を抱えていました。

* **ガバナンス不在：現場担当者のトレーニングが不十分、かつ手順が確立されておらず、責任者が不明確**
* **トップの支援不足：トップの理解が弱く、現場の改善のために必要な投資や支援が十分に得られない**
* **計画・ツールの欠如：プロセス最適化のための計画やツールが不足**

このような課題を解決するため、同社ではプロセスマイニングを通じて現状プロセスを可視化し、問題点について社内の理解を得やすくした上で、必要な改善施策を講じることに取り組みました。

とりわけ劇的な改善成果を上げたのが、保険金の請求処理プロセスです。これは、たとえ

図4-1　保険金請求処理プロセスのスループット分布

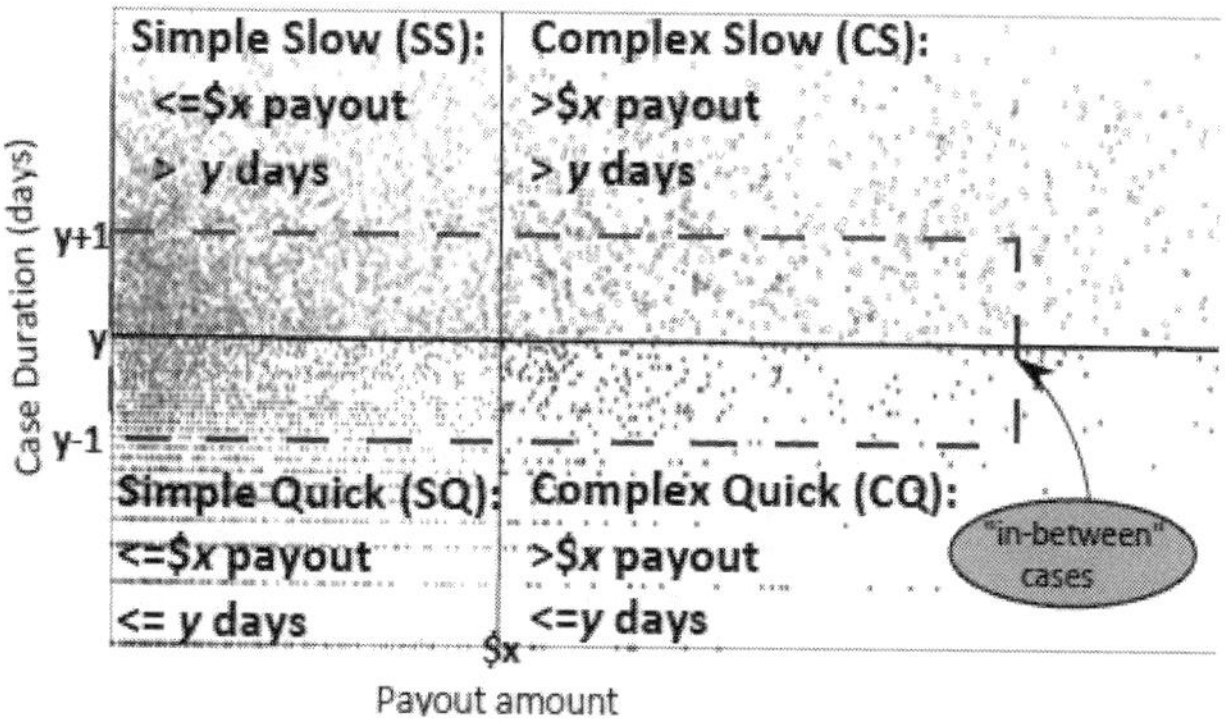

出典：Understanding Process Behaviours in a Large Insurance Company in Australia: A Case Study, Conference Paper – June 2013

ば自動車事故を起こした場合に、契約者が行った保険金請求案件について、内容を審査し、保険金を支払うまでの一連の手順です。

まず、保険金請求処理プロセスのスループット（総所要時間）の分布を分析。横軸に保険金支払額の大きさ、縦軸にスループットを取った2軸に各処理案件をプロットした**図4-1**を見ると問題は明らかです。

右上の「Complex Slow」は、支払保険金額が大きく審査に時間がかかることからスループットが長くなっている案件です。ある程度時間が長くなるのは許容しなければならないでしょう。右下は「Complex Quick」です。支払保険金額は大きいもののスループットが短くなっていま

図4-2　Simple QuickとSimple Slowの比較分析

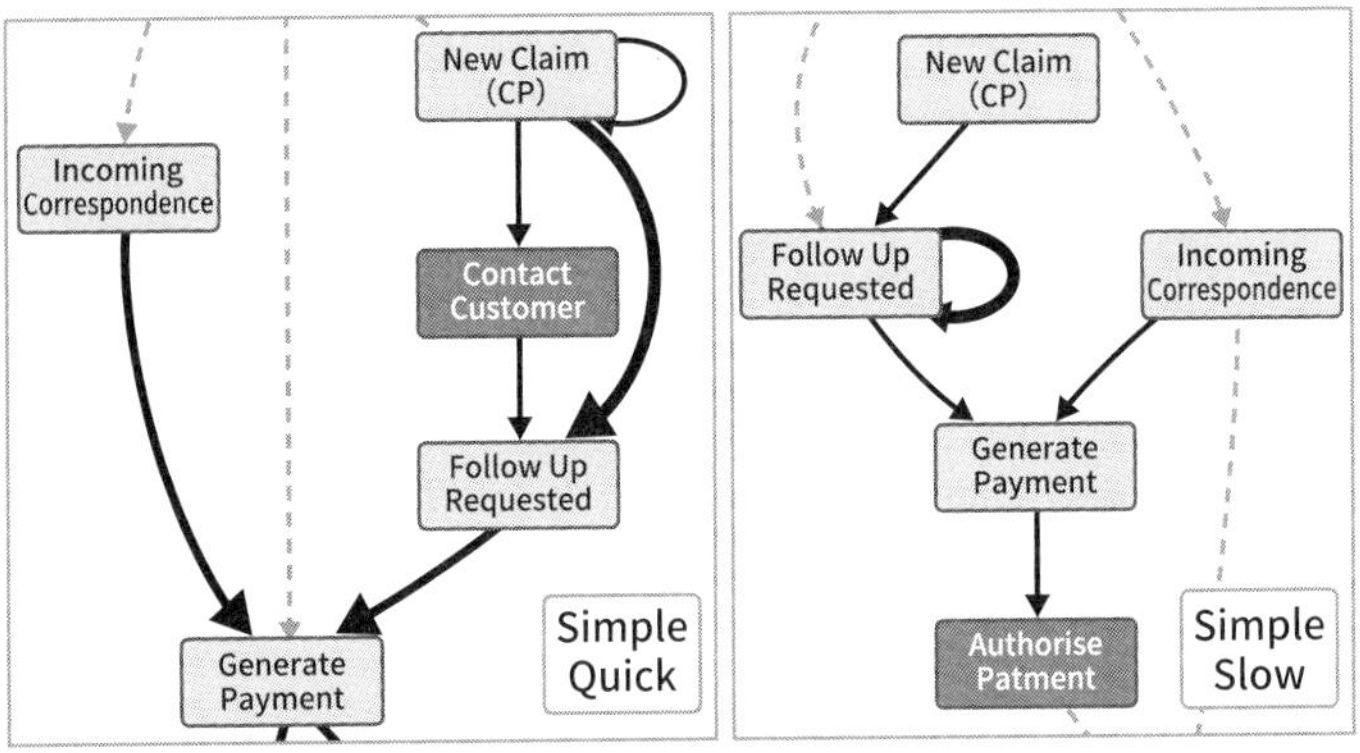

出典：Understanding Process Behaviours in a Large Insurance Company in Australia: A Case Study, Conference Paper – June 2013

す。安易な審査になっていなければ、支払保険金額が大きくてもすばやく契約者に振り込めるのは顧客満足度を向上させるでしょう。左下は、「Simple Quick」です。支払保険金額は少なく、スループットも短い。問題なしです。左上の「Simple Slow」が問題プロセスです。支払保険金額が少ないのにスループットが長くなってしまっています。これは、保険金額の大きさと比較してよけいな手間、コストを要してしまっているという内部的な問題です。かつ少額の保険金請求なのになかなか保険金が支払われない、という点から顧客の満足度を低下させてしまうことにつながっています。

この問題の解決の基本方針としては、少額保険金請求案件はできるかぎりスループットを短くする、すなわち、プロット図で見ると、左上にある案件を左下に移動させるということです。

そこで、左上の「Simple Slow」のプロセスと左下の「Simple Quick」のプロセスの流れをフローチャートとして描き、比較分析を行いました（**図4―2**）。

このように2つを並べてみると、たとえば、「Simple Slow」（右）の場合、フローチャートの左側にある「Follow Up Requested」において「繰り返し（リワーク）」が大量に発生していることがわかります。こうした分析以外にも、さまざまな切り口でプロセスマイニング分析を行い、保険金請求処理プロセスのスループットを長くしているボトルネックを発見し、ボトルネックを解消するための改善施策を計画、実行に移しました。

改善効果は劇的なものでした。従来、保険金請求を受け取ってから保険金支払いまでのスループットはおよそ30～60日でしたが、改善後はわずか平均5日へと大幅に短縮。顧客満足度の向上と業務効率化によるコストダウンを実現しています。

2 FREO――日々の業務改善にプロセスマイニングを活用

FREOはオランダで消費者向けローンを提供しています。ユーザーの主なローン使途は、自動車購入、住宅リフォーム、既存ローンの借り換えなどです。ローンの申し込みはＷｅｂ、または電話で受け付け。ローンの申込件数は年間10万件以上、かかってくる電話は同２万件以上に上ります。

同社では、日々の業務管理のため、ＢＩツールのPower BIなどとともにプロセスマイニングツールを活用して、プロセス上の問題点を発見、継続的な改善を行っています。

さて、ＦＲＥＯの日々の業務、すなわちローン申し込みの受け付けから契約までは次の段階で構成されています。このプロセスに従事するＦＲＥＯのスタッフは60人以上です。

1 ローンの申し込み（*Loan Application*）—**ユーザー**

ユーザー（消費者）から、Ｗｅｂまたは電話でローンの申し込みを受け付けます。

2 ローンの提案（*Loan Offer*）—**顧客接点チーム**

顧客接点チームが、申込内容に対して適切なローン商品を提案します。

3 書類確認（*Loan Validation*）—**顧客確認チーム**

顧客確認チームが、ローン申し込み者について必要な書類が揃っているかを確認します。

4 ローン審査（*Credit Approval*）—**ローン審査チーム**

ローン審査チームが申込者の書類を審査し、ローンを提供するかどうかを決定します。

5 ローン契約（*Contract*）

審査がOKだった場合、ユーザーとローン契約を締結し、融資金額を銀行口座に振り込みます。

FREOでは、これらの日常業務に関してKPIを設定しています。KPIは、大きく次の5つのカテゴリに分けられます。

1 品質（*Quality*）

工程が1回で問題なく終了するか（*First Time Right*）

2 迅速性（*Timeliness*）

製品・サービスの提供スピードは速いか

3 対応能力と生産性（*Capacity and Productivity*）

効率的にメンバーの対応キャパが使われているか

4 費用と利益（*Cost and Benefits*）

運用コスト、利益に与える影響度合い

5　顧客・従業員満足（*Satisfaction*）

製品・サービスの提供プロセスに対する顧客、および構成メンバーの満足度

ＦＲＥＯでは、ＫＰＩの最初の３つ、すなわち「品質」「迅速性」「対応能力と生産性」が高まれば、結果的に「費用と利益」、および「顧客・従業員満足」は高まる関係にあると考え、最初の３つの改善に取り組んでいます。そして、具体的なＫＰＩの指標としては、マネジメントレベル、チームレベル、および日常業務レベルでそれぞれ次のようなものがあります。

●マネジメントレベル

・ローン申し込みから契約までの平均スループット（総所要時間）

●チームレベル

・申し込みから初回コンタクトまでの平均所要時間（顧客接点チーム）

・書類受領から書類確認終了までの平均所要時間（顧客確認チーム）

・確認後書類受領からローン審査終了までの平均所要時間（ローン審査チーム）

●日常業務レベル

・申込件数（全チーム）

・24時間で連絡した申込件数（顧客接点チーム）
・24時間で書類確認した申込件数（顧客確認チーム）
・24時間で審査した申込件数（ローン審査チーム）

同社ではこれらのKPIをBIのダッシュボードで日々モニタリングすると同時に、問題点を発見するための深掘りの分析にプロセスマイニングを活用しています。プロセスマイニングでは、日々のKPIをモニタリングしているだけではわからない、実際の業務の流れが可視化できます。FREOのローン申し込みから契約までのビジネスプロセスにもさまざまな問題が発見できました。

たとえば、ユーザーが申し込んだ後、顧客接点チームが連絡してもユーザーから返信がない、あるいは商品を提案した後、書類が揃わないなどの理由で、それぞれ適切なフォロー施策を展開するため、さまざまな業務手順の分岐が発生していました。また、ローン受け付け、書類確認、ローン審査のそれぞれの段階に移る箇所で処理待ち、すなわちボトルネックが発生していることが定量的に把握できました。同社では、手順の組み換えやリソース（担当者）のアサインを柔軟に見直すなどして、こうした問題の解消に当たっています。

同社では、プロセスマイニングを単なる問題発見ツールとしてだけでなく、実際のビジネスプロセスが可視化できることで、関係するメンバーに「すごい（*Sense of Excitement*）」と思ってもらうこと、また、非効率性やボトルネックが一目瞭然となることから「すぐに改善しなければ（*Sense of Urgency*）」という気持ちを喚起できる仕掛け、すなわちプロセス改善に着手させ、促進することのできる有益なアプローチとして活用し、日々の継続的な改善を現場レベルで定着させることに成功しています。

3　ＡＩＧ（ＵＳＡ）――プロセス風洞（Process Wind Tunnel）で改善効果を事前検証

グローバルに展開する保険会社、ＡＩＧではさまざまなビジネスプロセス改善に取り組んでいます。特に、米国ＡＩＧの〝データドリブン・プロセス最適化〟と呼ばれる部署では、プロセスマイニング、シミュレーション、ＢＩを組み合わせることで改善成果を積み重ねています。

データドリブン・プロセス最適化担当部署では、プロセス改善の一連の手順を「プロセス風洞（*Process Wind Tunnel*）」と呼んでいます。自動車や航空機、建築物などの設計においては、風洞に模型を置いて風の流れなどを測定する「風洞実験」を行います。同様に、プロセスの改善にあたって、シミュレーションによる改善成果の予測を行った上で改善施策に展開するという手順を踏んでいるのです。

プロセス風洞は次の４つの段階で構成されます。

1 データ収集（*Data Collection*）

ＩＴシステムからのイベントログ抽出に加えて、ビジネスルール、およびリソース（担当者）などの属性データを統合します。

2 現状分析（*Current State Analysis*）

ＢＩツール、プロセスマイニングツールを用いて現状プロセスを可視化し、さまざまな視点で分析を深めます。

3 未来状態設計（*Future State Design*）

現状を再現するシミュレーションモデルを作成し、さらに、リソース配分の変更などプロセスを最適化するようにモデルのパラメターを変更し、改善成果を試算します。

4 実行（*Execution*）

前項のシミュレーションを踏まえ、パイロットプロジェクトを走らせたり、システム改修、新ツールの導入などの改善施策を実行したりして、改善状況をモニタリングします。

今回紹介する取り組み例はサービス業務です。これは、お客様から届く月間6万件に上るさまざまな書類を処理する業務です。書類は、USPS（米国郵便公社）の通常便であったり、翌日配達便であったり、FAX、あるいはeメールとさまざまな形態があります。

紙の場合には開封して中身をチェックし、スキャンするといった手作業があります。こうした手作業については動作調査（*motion study*）を行って平均処理時間など、シミュレーションに必要なパラメーターとなる情報を収集しています。

データ化された後の処理は、BIツールで曜日別の書類到着数などの統計的分析、およびプロセスマイニング分析を行って現行プロセスモデルを可視化し、プロセス上の問題点を抽出するとともに、データ分析結果から得られた数値はシミュレーションのパラメーターとして用いています。

サービス業務の場合、シミュレーションの結果、50％ものスループット（総所要時間）の改善が見込めることがわかり、実際に改善施策を講じたところ、シミュレーションの予測通りのスループットが実現しました。

4 ルフトハンザ・テクニック――部品補修プロセスの改善に活用

ドイツに本社を置くルフトハンザ・テクニックLufthansa Technikは、航空機の整備、補修、オーバーホールのサービスを提供しています。同社にとって最も重要な課題は、クライアント（航空会社）から預かった航空機の整備や補修を可能な限り速やかに行うことです。というのも、整備、補修にかかる時間が短いほど、航空機の運航時間が増え、クライアントの収益向上につながるからです。したがって、ルフトハンザ・テクニックにおけるプロセス改善では、「スピードアップ」が基本戦略です。

さて、プロセスマイニングに取り組む同社の事例として紹介するのは、部品補修（*Parts Repair*）のプロセスです。プロセスマイニング分析によって発見された業務遂行上の問題点の改善には、リーンマネジメントの考え方がベースにありますが、さらにボトルネックに関しては制約理論（*Theory of Constraints*）を適用した点が特徴的です。

同社の部品補修プロセスはほとんどがＥＲＰ上で遂行されていることから、クオリティ、信頼性の高い分析対象データを抽出することが可能でした。一部、システム外で行われている業務については、担当者が開始時間、終了時間を手入力で記録することでイベントログデータが作成されています。

プロセスマイニング分析結果から、部品補修プロセスのスループットを長くしている大きなボトルネックは3カ所所ありました。すなわち、「検査（*Inspection*）」「提案と承認（*Proposal and approval*）」「修繕と認証（*Repair and certification*）」です。

各工程では、大きなユニットの60～80％が処理待ちとなっており、このため想定よりも6～12日ほど時間が掛かっていました。どれも解決すべきボトルネックではありましたが、どの工程から着手するか、優先順位をつけるために同社では「制約理論」を適用しました。制約理論は、プロセス改善を目的としてボトルネックの解消に取り組むためのアプローチです。そして、制約理論に基づき、「提案と承認」からボトルネック解消のための施策を開始したのです。

また、プロセスマイニング分析後の改善の取り組みにおいては、「スピードアップ」の基本戦略を踏まえて、ワークショップを開催、「価値提供プロセスマップ（*Value Stream Map*）」を作成してプロセス課題を抽出、Wiki、Jira、Backlogなどのツールを用いてプロセス改善プロジェクトを推進しました。

同社では、このようにプロセスマイニングを活用して部品修繕プロセスなどのスループットを短縮することで、航空機の稼働時間を増やし、収益拡大に貢献しています。航空機という巨額の投資を回収するための非稼働時間の圧縮に、プロセスマイニングの貢献は大きいものがあります。

5 ABB――処方的分析の取り組み

ABB（*Asea Brown Boveri* アセア・ブラウン・ボベリ）はスイスに本社があり、電力関連、充電、重工業を主事業とするエンジニアリング企業です。従業員数は約11万人、世界100カ国以上に事業展開しています。

ABBは、プロセスマイニングを早期に採用した企業の1つです。2013年に、セロニスによる初めてのPoC（*Proof of Concept*）をドイツにあるグループ企業にて実施。2018年には、グローバル規模での全グループ導入を開始しています。

２０１９年以降は、サプライチェーン全体をデジタル化（デジタルサプライチェーン）して、エンド・ツー・エンドで可視化し、さらに、プロセスに潜む問題点の発見だけでなく、どのように改善すべきかを提示してくれる処方的分析（*Prescriptive Analysis*）のパイロットプログラムを走らせています。ＡＢＢのデジタルサプライチェーンにおけるエンド・ツー・エンドは、原材料などの購買から製造、顧客への販売、納品までをカバーしています。したがって、このサプライチェーンに関わるシステムはＥＲＰだけでも60以上、その他のアプリケーション（Salesforce などの SaaS やオフィスソフトなども含む）は全世界で6千以上という巨大で複雑なものです。

そこで、ＡＢＢでは、プロセスマイニングツールをプロセス分析としてだけでなく、多数のシステム、アプリケーションをイベントログデータとして相互接続するためのツールとして活用しています。

こうしてサプライチェーン全体をデータとして統合し、プロセスマイニング分析を行うことで、ガートナーが説く、ＤＴＯ（*Digital Twin of an Organization*）の実現を目指し、次の３つの領域に取り組んでいます。

1 モニタリング：継続的改善
2 モデリング：現状との適合性、プロセス最適化
3 エグゼキューション：プロセス自動化、リアルタイムアラート（問題指摘、改善提案）

デジタルサプライチェーンに含まれる主なプロセスは次の通りです。

- **マスターデータ管理販売プロセス**
- **エンジニアリング**
- **プロジェクト実行管理**
- **サプライチェーン（購買プロセス）製造**
- **物流**
- **設置・試運転 経理・財務処理**

ＡＢＢでは上記のプロセスで採用されているさまざまなシステム（ＳＡＰ、ＳＦＤＣ、ＳＮＯＷ、ＭＥＳ、ＰＬＭなど）から抽出したイベントログデータをデータレイク（*Data Lake*）に蓄積しています。こうしたデータを各種ＩＤで接続することで、エンド・ツー・エンドプロセスのプロセスマイニングに取り組んでいます。主なKPIとしては次のようなものを設定してダッシュボードを作成しています。

- **スループット**
- **リードタイム**
- **在庫回転率**
- **コスト**
- **品質**

さらに、ABBでは、担当部署ごとの主要目標を設定し、プロセスの問題とその根本原因の発見を踏まえた具体的な改善アクションを自動作成して、担当者にアラートを送信する手順を確立するパイロットプログラムを走らせています。これは「処方的分析」であり、プロセスマイニングで最先端の取り組みだと言えるでしょう。

6　シーメンス・ヘルシニア――マシンログ（CTスキャナー）分析

ドイツに本社を置くシーメンス・ヘルシニアSiemens Healthineers（以下、SHS）は従業員数3万人超、医療機器のCTスキャナー（コンピュータ断層撮影）のグローバルマーケットリーダーです。CTスキャナーのグローバル市場シェアは33％以上、年率10％の成長を続けています。

現在世界では2万9千台の同社製CTが稼働しています。CTを動かすためのソフトウェアは3つのプラットフォーム上で開発されており、合計31システム、バリエーションは74あるため、設定条件は最大3千パターンに上っています。

さて、稼働中の2万9千台のCTのうち、最大1万4千台については日々の稼働データがXMLファイル形式で送信されており、蓄積されるデータ量は50G／日です。このビッグデータはBIの「Qlik」で集計され、さまざまな分析ダッシュボードが作成されて社内で利用されています。

同社が、CTスキャナーのイベントログデータに対するプロセスマイニングに取り組んだ背景には、BIによって、CTがどう（WHAT）稼働しているか、すなわち各CTがいつ何時間くらい利用されているかなどのスナップショットは十分分析できているが、どのように（HOW）稼働しているか、すなわちCTがどのような手順で操作されているかなどを把握したいという動機がありました。

ＣＴスキャナーにおける作業プロセスは大きく次の流れになります。

1　患者を登録（*Register Patient*）

2　プロトコールのアップロード（*Load Protocol*）

3　患者位置確定（*Confirm Position*）

4　走査位相のアップロードと読み込み（*Load Topo*）

5　走査開始（*Scan*）

6　再構成（*Reconstruct*）

7　終了（*Close*）

作業プロセスのログデータはマシンログとして記録されており、同社ではＳＱＬサーバに蓄積しています。このマシンログを抽出、整備してプロセスマイニング分析を実行しています。

ＳＨＳで採用しているプロセスマイニングツールは、「MEHRWERK Process Mining（以下、ＭＰＭ）」です。同社がＭＰＭを採用した最大の理由は、ＭＰＭはQlikのプラグインとして提供されており、すでに社内で活用されているQlikと一体的に利用することが可能だったからとのこと。

プロセスマイニングを通じて、CTスキャナーが現場でどのように（HOW）利用されているかが明らかとなり、さまざまな改善ポイントも見えてきました。

たとえば、走査時間が徐々に遅くなってきており、CTスキャナーの一人の患者当たりのスループット（総利用時間）が長くなる傾向がデータから明確になりました。これは、アルゴリズムのパラメターの設定方法の見直しや、ソフトウェアにおける何らかの改善が必要なことを示唆します。

また、CTスキャナーの操作手順のバリエーションは、8万7千パターン以上に上ることがわかり、手順の標準化を推進すべきであることも判明しました。プロセスマイニングではこうしたバリエーションを詳細に検証可能であり、標準化を行う助けとなります。さらに、地域（たとえば、中国と米国）間の操作方法の比較分析なども行うことで、同社はCT製品の改善に取り組んでいます。

第二部

プロセスマイニングを活用した
ビジネスプロセス
改善・改革手法

5章

ビジネスプロセス改善・改革の枠組み

プロセスを構造的に捉えるバリューチェーンなどの枠組み、および、「ビジネスプロセス・マネジメント・ライフサイクル」（BPMライフサイクル）という
ビジネスプロセスの分析・改革・監視に関する包括的な
アプローチを紹介します。

1 ビジネスプロセスとは？

ビジネスプロセスは、ひとことで言えば、「何らかの価値を生み出すことを目的とした一連の活動」と言うことができるでしょう。ここでの「価値」とは、当該プロセスの関係者にメリットをもたらすものです。

わかりやすい例を挙げると、「生産プロセス」は、原材料・部品などを元に、一連の生産活動を通じて製品を生み出すプロセスです。製品はユーザーに購買されることで、ユーザーには便益を、また生産者には売上をもたらします。もちろん、売上ばかりが価値ではありません。人材採用プロセスにおいては、優れた社員の採用が価値であり、資材調達プロセスでは、所定の資材を低コスト、短納期で調達できることが価値ある活動となります。

また、「一連の活動」と定義したのは、所定の価値を生み出すための活動には基本的に適切な業務の進め方＝手順が存在し、さらにその手順には、始まり（開始アクティビティ）と終わり（終了アクティビティ）を明確に特定できることが、プロセスを理解する上で重要だからです。たとえば、生産プロセスで言えば、生産開始、また生産終了のアクティビティを明確に特定することが可能です（どこを開始アクティビティとし、どこを終了アクティビティとするかは任意に設定可能なものですが）。

では、ビジネスプロセスであるための基本要件を再確認しましょう。

- **何らかの価値を生み出すという目的を達成するためのもの**
- **一定の手順が存在するもの**

●始まりと終わりがあるもの

ビジネスプロセスを改善・改革する最大の狙いは、一定の価値を生み出すプロセスをできるだけ効率的に、短時間かつ低コストで実行することです。このために、私たちは業務手順を組み替えたり、人材配置を見直したり、RPAによる自動化を図ったり、とさまざまな施策を展開するわけです。そして、そうした施策を検討するための第一歩が、ビジネスプロセスの可視化（見える化）であり、それこそがまさにプロセスマイニングによる分析が採用される最大の理由だと言えます。

では、企業におけるビジネスプロセスはどのように成り立っているのかについて、さまざまな枠組みで考えてみましょう。

1 SIPOC

ビジネスプロセスを把握するための基本的な5要素とその関係を表す枠組みの1つが、SIPOC（サイポック）です（**図5-1**）。SIPOCは次の通り5つの要素の英単語の頭文字を取ったものです。

図5-1　SIPOCの構成

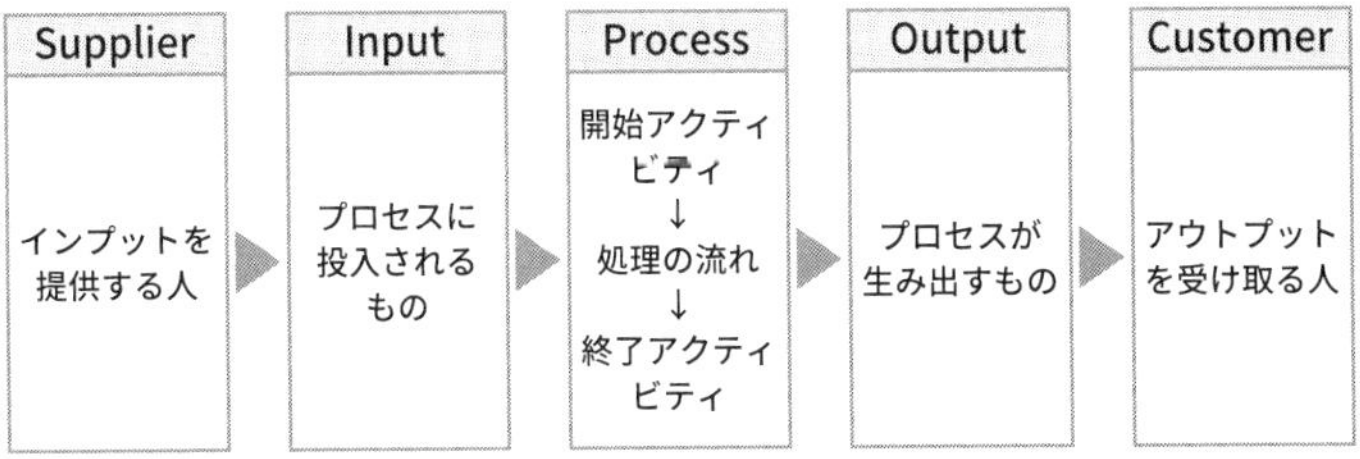

S：Supplier ― インプットを提供する人
I：Input ― プロセスに投入されるもの
P：Process ― 何らかの処理を行う手順
O：Output ― プロセスが生み出すもの（成果物）
C：Customer ― アウトプットを受け取る人

● Supplier ― インプットを提供する人

わかりやすい例を挙げるなら、生産プロセスでは、文字通り、原材料や部品を調達する相手がサプライヤ、すなわち供給者になります。ただ、社内のバックオフィス、経理部門の請求書処理プロセスであれば、請求書というインプットを提出する各部門のスタッフがサプライヤとなります。

● Input ― プロセスに投入されるもの

サプライヤから提供を受けてプロセスに投入するものがイン

プットです。プロセスで何らかの処理対象となるもの、と言い換えることもできます。生産プロセスであれば、原材料、部品などですし、請求書処理プロセスであれば請求書となります。ここで請求書は必ずしも紙である必要はなく、画像やＰＤＦ、電子データでも構いません。インプットは、プロセスで処理する対象であって実態の有無やフォーマットは問いません。

● Process ― 何らかの処理を行う手順

インプットに対して何らかの処理を行うのがプロセスです。前項で述べたように、始まり（開始アクティビティ）と終わり（終了アクティビティ）があります。わざわざ手間、時間、費用をかけて処理を行うわけですから、それは何らかの価値を生み出すものであるべきです。したがって、後述するプロセス分析において、価値をなんら生み出していないプロセスであることが判明したら、価値を生み出せるように手順を見直したり、丸ごと廃止してしまったり、といった改善施策を打つ必要があります。

● Output ― プロセスが生み出すもの

アウトプットは、プロセスを経た結果生み出されるものです。インプットを何らかの形に変換したものと言うことができるでしょう。生産プロセスならまさに完成した「製品」となります。請求書処理プロセスであれば、振込が完了済の請求書です。バックオフィスの処理の多くは何らかの状態変化（承認済、対応済、入金消込済など）が行われたことをもってアウトプットとします。

● Customer ― アウトプットを受け取る人

カスタマーは、生産プロセスであれば文字通り、当該プロセスで生み出された製品を購入した顧客となりますが、プロセスにおけるカスタマーの定義はより広いものです。具体的には、前工程で処理されたアウトプットを受け取る後工程の担当者がカスタマーに該当します。生産プロセスに続く後工程は、出荷プロセスですが、多くの場合、製品はトラックに積まれて倉庫にいったん在庫として保管されます。ここで製品を受け取り、倉庫への運搬を行う物流担当者がカスタマーになります。

以上のようにＳＩＰＯＣは、企業全体がどのようなプロセスで構成されているかを洗い出

図5-2　バリューチェーンの概要

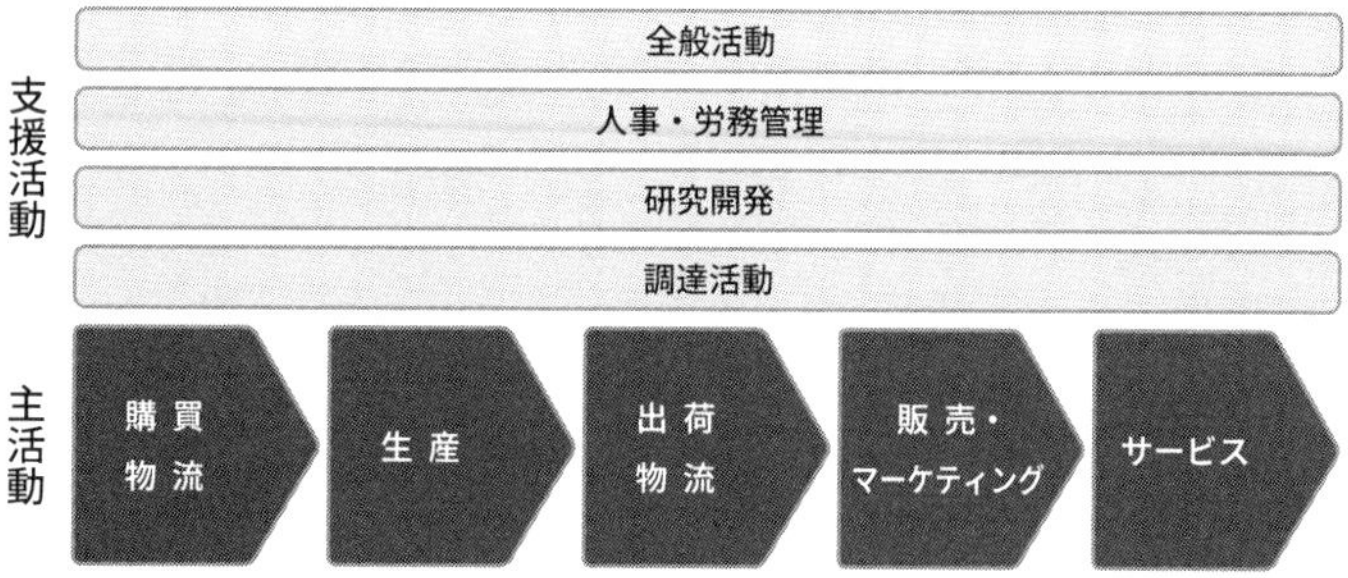

した後、一つ一つのプロセスの概要を整理する上で有用な枠組みとなります。

2　バリューチェーン

企業のさまざまな活動について、文字通り「価値を生み出す一連の活動」として表したのがバリューチェーンです。バリューチェーンは、大きくは「主活動」と「支援活動」の2つに分けられます（図5–2）。

主活動は、原材料、部品などを購買する「購買物流」を最上流の活動とし、続いて生産、出荷物流、販売・マーケティング、サービスへと、ユーザー（顧客）に向かって価値を届ける流れです。これらの活動こそ、最終的には製品を生み出し、売上を獲得し、企業を存続させる不可欠なプロセスであるため「主活動」と呼ばれるわけです。

ただ、企業は主活動だけでは運営することができません。

それぞれの活動に従事する社員、パート・アルバイトなどの採用や育成・評価など（人事・労務管理）、また業務を遂行するために必要なオフィスやPCなどの施設・備品の確保など（調達活動）、新製品を生み出すための研究開発（技術開発）、そして、企業全体としての戦略立案や、経営資源（ヒト、モノ、カネ、情報など）の配分など（全般活動）も必要です。これらは、主活動を支える活動であることから「支援活動」と呼ばれます（なお、全般活動を別途「経営管理プロセス」と分けて考えることもあります）。

さて、主活動であれ、支援活動であれ、数多くの複雑多様なプロセスで構成されており、それぞれのプロセスには、「どんな価値を生み出すのか」という目標（ゴール）が基本的に明確であり、始まりと終わりのある一定の手順が存在します。

バリューチェーンの視点でビジネスプロセスの改善・改革に取り組む場合、バリューチェーンを構成するさまざまな活動のうち、最も改善余地のある、逆に言えば問題の多いプロセスはどれか、またどの活動を改善・改革することがより高い価値を生み出せるか、という2つの視点で、改善・改革に取り組む優先順位をつけていくべきでしょう。

最終ゴールは、全社活動、全プロセスの最適化ですが、多数のプロセスの改善・改革に同時に取り組むことは現実的には不可能です。したがって、問題の多いプロセス、高い成果を得られるプロセスから着手していくわけです。

プロセスマイニングは、主活動、すなわち購買物流、生産、出荷物流、販売・マーケティング、サービス関連のプロセスが分析されるケースが多くなっています。その理由としては次の3つが挙げられます。

- 工程が多く、他部門にまたがるエンド・ツー・エンドのプロセスであり、改善余地が大きい
- 標準的な業務手順がある
- システム化されている範囲が大きく、イベントログが抽出できる

一方、支援活動に含まれるプロセスの多くは、必ずしも標準的な業務手順がなく、システム化がそれほど進んでいないといった理由から、まだそれほど多くの分析事例が存在しません。たとえば、「企業戦略立案プロセス」を考えてみると、大まかには戦略の着想↓検討↓文書化といった流れがありますが、きっちりと手順を踏んだからといって完成するものではありません。また、実際の業務の多くは関係者とのブレーンストーミングや議論、調整に費や

され、その流れは行きつ戻りつするものでしょう。

こうした、創造的なプロセスは、優れたアウトプットを生み出すことが最も重要であり、そのプロセスの極限の効率化を目指すことが最優先ではないことから、プロセスマイニングによるデータに基づく分析にはあまりそぐわないプロセスだと言えます。

3 階層構造でとらえるビジネスプロセス

次に、ビジネスプロセスは、一般にどのような階層構造になっているかを考えましょう。前項のバリューチェーンでは、プロセス間の横の連携構造を把握しますが、これはあるプロセスを縦に階層的に分解して考えるということです。

図5-3（次ページ）では、プロセスの階層構造を何らかの目的を果たす機能（*Function*）として捉えて階層に分解しています。機能階層（ＦＬ）としては8つあり、最上位は「ＦＬ０：事業単位」、機能階層例としては、「自動車保険事業」が示されています。機能階層は下に行くほど粒度がどんどん細かくなっていきます。

ビジネスプロセスと言うとき、多くの場合はＦＬ３の業務機能以下でしょう。図で見ると

図5-3　ビジネスプロセスの階層構造

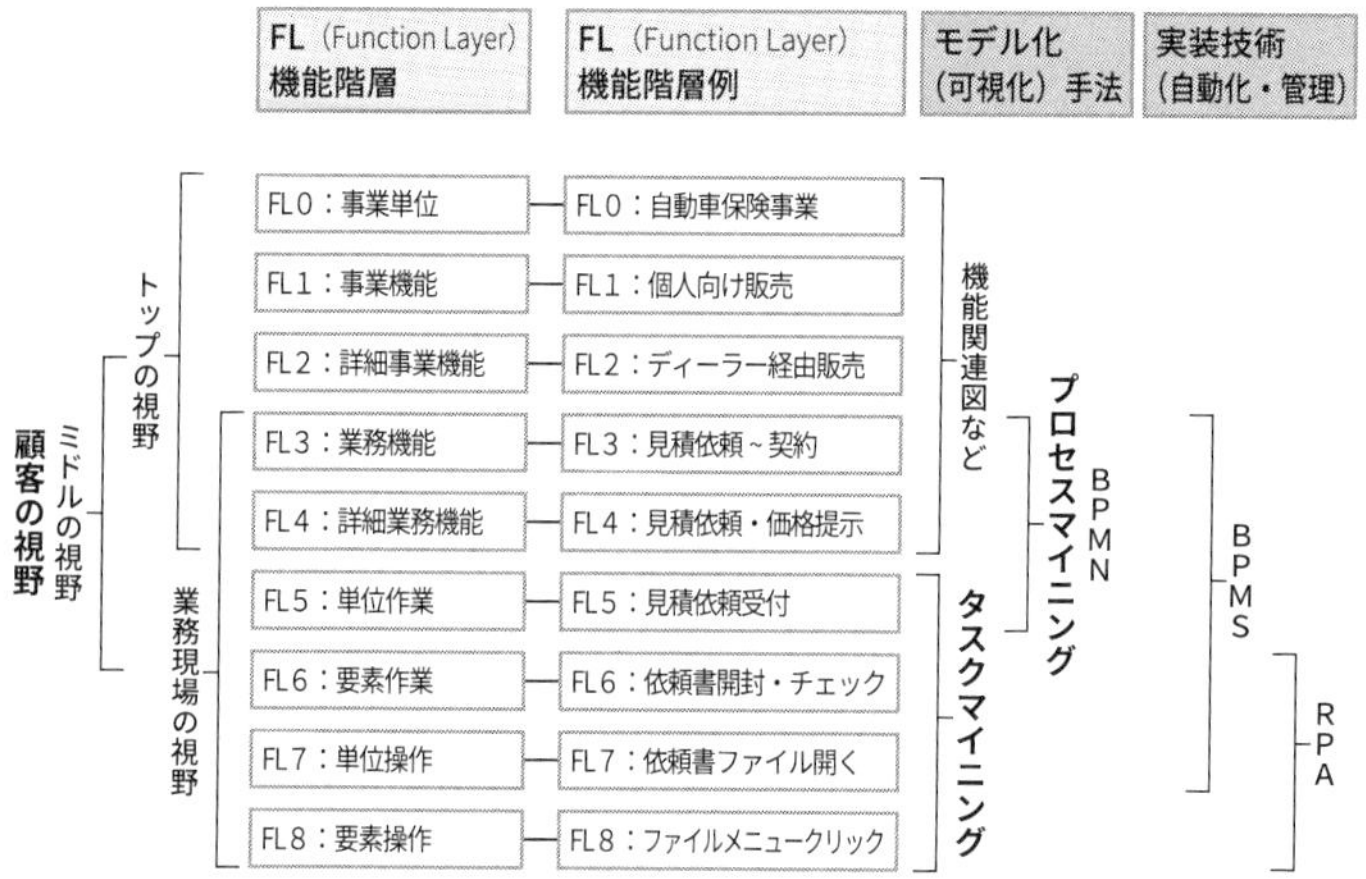

出典：6ステップで職場が変わる！業務改善ハンドブック（株式会社日本能率協会コンサルティング著・日本能率協会マネジメントセンターより2016年刊）より（一部修正）

「見積依頼〜契約」です。これはいわゆる「販売（または受注）プロセス」であり、開始アクティビティは顧客からの「見積依頼」、終了アクティビティは「契約（の締結）」です。

　このプロセスはさらに、詳細業務機能→単位作業→要素作業→単位操作→要素操作と粒度が細かくなります。「FL8：要素操作」は、図では「ファイルメニュークリック」に相当し、これ以上細かくはならないので、「原子アクティビティ（*Atomic Activity*）」と言います。

　プロセスマイニング分析の対象となるのは、基本的に「FL3：業務機能」から「FL5：単位作業」までです。なぜなら、業務システムに記録されるイベントログの粒度は細かくても「FL5：単位作業」までだからです。ただし、タスクマイニングでは、PC操作ログを捕捉するので、PCで行われている作業については、FL8：要素操作、すなわち原子アクティビティまでの分析が行えます。

2 BPMライフサイクル

ビジネスプロセス改善・改革の手法には多種多様なものがありますが、それらを適切に採用、組み合わせて一貫性のあるプロジェクトを推進したり、継続的な運用を行ったりするためには、BPMの枠組みが最も有効です。

1 BPMライフサイクルとは

BPMは、『Fundamentals of Business Process Management Second Edition』(Marlon Dumas他著、Springer、2018年刊）によれば次のように定義されています。

〝BPMは、ビジネスプロセスのパフォーマンス（成果）を最適化することを目的として、ビジネスプロセスの明確化、発見、分析、再設計、実行、そして監視を行うための方法論、技術、ツールを含む体系（BODY）である〟

この定義に基づいてBPMを展開するのがBPMライフサイクルです。

図5-4　BPMライフサイクル

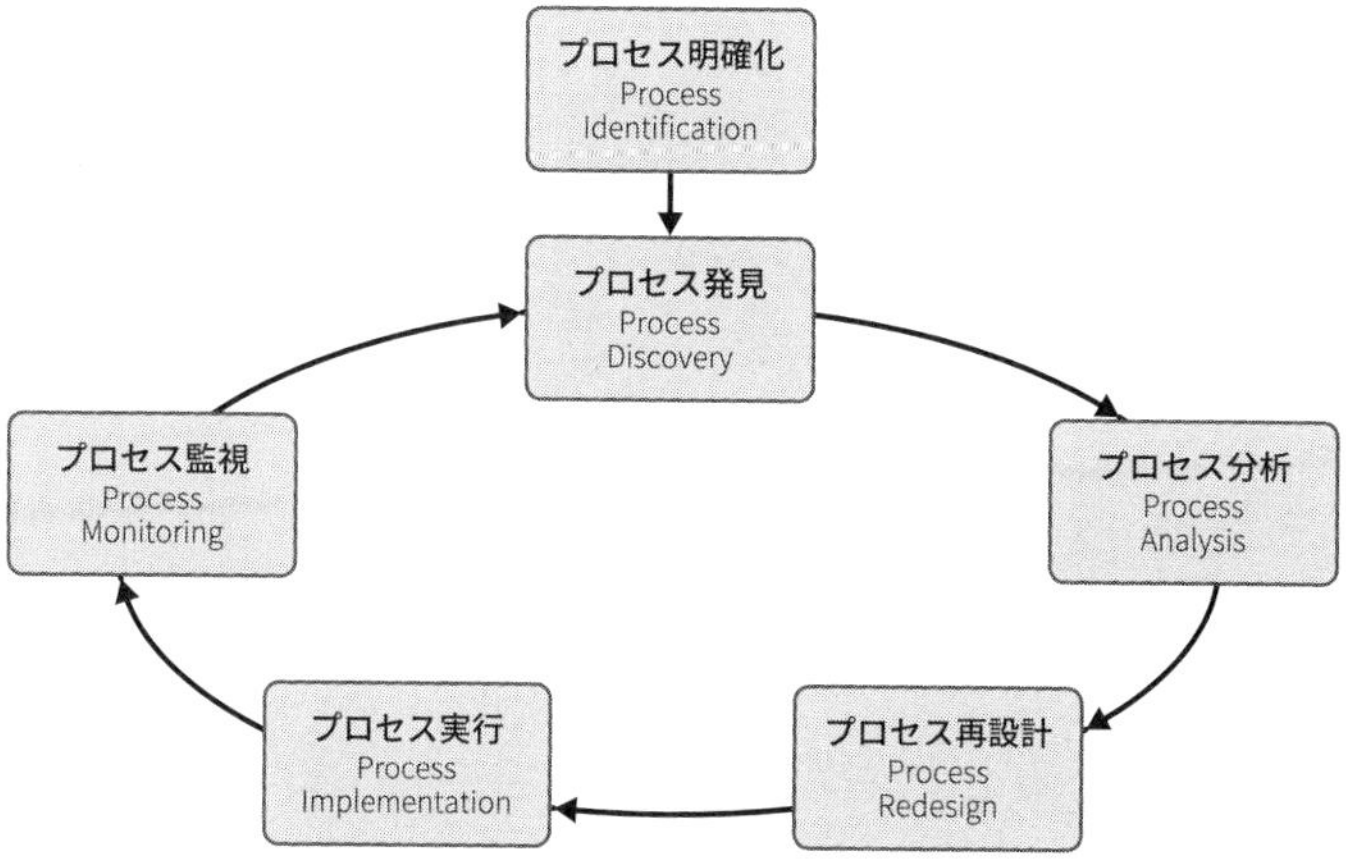

BPMライフサイクルは、**図5-4**の通り6つの要素で構成されます。これらのうち、プロセスマイニングが有用なツールとして活用できるのは、「プロセス発見」「プロセス分析」「プロセス監視」の3つの要素です。

●プロセス明確化

ビジネスプロセス改善・改革の対象となるプロセスを全体的・構造的に把握します。さらに、改善・改革に取り組む優先順位づけの作業を行います。

●プロセス発見

現状プロセス（as isプロセス）をプロセスフローチャートや関連図表として「見え

る化」する作業を行います。プロセスマイニングは、業務システムから抽出したイベントログから自動的にプロセスフローチャート（現状プロセスモデル）を作成することで、プロセス発見の工数を削減します。

●プロセス分析

プロセス発見によって見える化された現状プロセスをさまざまな切り口で分析し、改善すべき問題、課題を洗い出します。改善すべき問題、課題としては、主に効率が低い、つまり生産性がよくない箇所や、業務が滞留しているボトルネックが挙げられます。プロセスマイニング分析を活用することにより、業務量の多寡を確認したり、各工程の処理時間や待ち時間を定量的に把握したりして、ボトルネックと考えられる箇所を容易に特定することができます。

●プロセス再設計

プロセス分析で浮き彫りとなった問題、課題を解決してあるべき理想プロセス（to beプロセス）へとするために必要な改善・改革施策を検討、実行計画へと落とし込みます。

●プロセス実行

あるべきプロセスへと改善・改革するための施策を実行に移す作業です。

●プロセス監視

現状プロセスから理想プロセスへの変換が完了したら、継続的な監視を行い、期待した成果が達成されているかどうかの検証を行い、また、日々遂行されているプロセスに逸脱が発生していないかを継続的に監視します。

プロセスマイニングは、現在仕掛中の案件のイベントログをリアルタイム（または、リアルタイムに近い頻度）で取り込み、適合性検査を行って逸脱を担当者に知らせたり、より好ましい手順を推奨したりしてプロセス運用を支援する「運用サポート」の役割を担います。

次章からは、このBPMライフサイクルに基づいて、プロセスマイニングも活用しながら、どのようにプロセスの改善・改革活動を進めていくのかを解説していきます。

6章

プロセス明確化

自社にどのようなプロセスが存在するかの構造的な把握と
さらにどのプロセスを改善・改革の対象とするか
優先順位を付けつつ選定します。
「スコーピング」とも呼ばれる全体分析計画立案のフェーズです。

1 プロセス全体像の把握

自社の企業としての活動がどのようなプロセスで構成されているか、全体像を把握します。この作業の成果物は、自社プロセスの一覧表＝目録（カタログ）になります。一覧表と併せて、全体を概観できるような見取図＝「プロセスランドスケープ」としてまとめるのがよいでし

図6-1　バリューチェーンの概要（図5-2再掲）

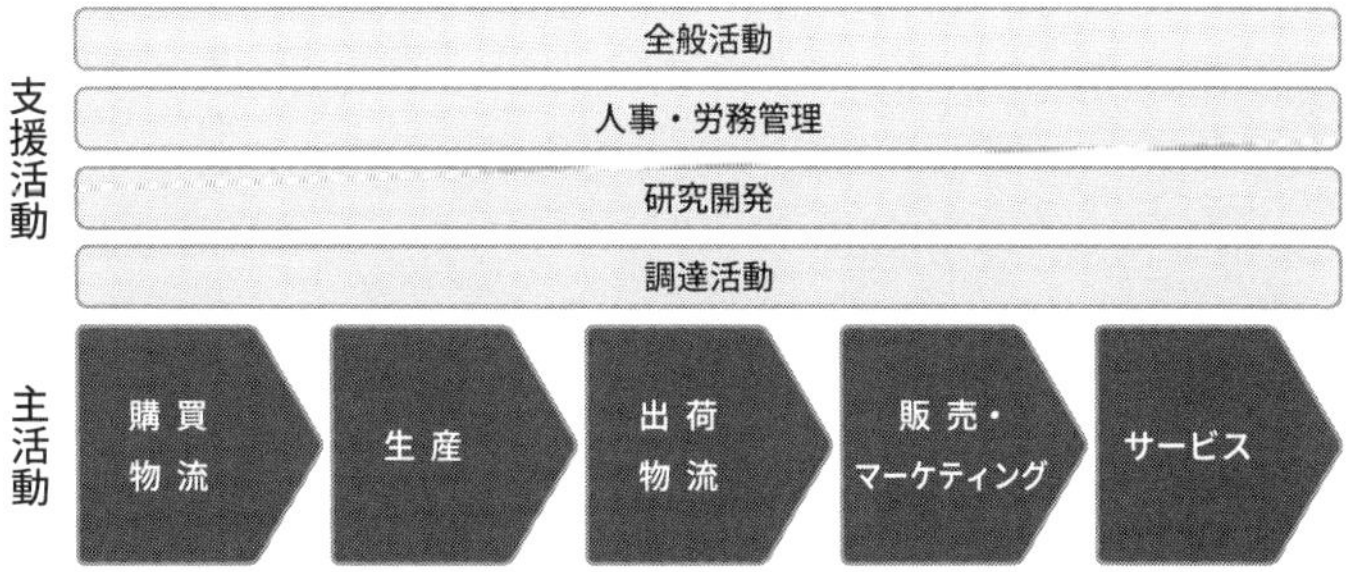

ょう。

貴社のプロセスがどのようなもので構成されているか、全体構造を把握するためには、前章で説明したバリューチェーンを参考に**（図6-1）**、まずはざっくりと洗い出してみてください。

プロセスマイニング分析を最大限活用してプロセス改善・改革に取り組む前提で考えると、システム化が進んでいる可能性が高い、主活動のプロセスから始めるのがよいでしょう。そして、非効率性やボトルネックの存在がある可能性が高いプロセスはどれなのかは、現場担当者へのヒアリングなどからある程度当たりがつけられるでしょう。

過去のビジネスプロセス取り組み事例からは、業種・業態にかかわらず、次の2つが多くの課題を抱えていることが多く、改善の余地が大きいことがわかっています。

● **調達プロセス（P2P：*Procure to Pay*）　バリューチェーンでは「購買物流」に含まれる**
● **受注プロセス（O2C：*Order to Cash*）　バリューチェーンでは「販売・マーケティング」に含まれる**

この2つは、主活動のなかでも売上・利益向上に大きな影響を与えるプロセスでもあります。したがって、まずは自社の調達プロセス、受注プロセスのおおよその流れを把握することは、全社的なプロセス改善・改革へのよい一歩になることでしょう。

自社のプロセス構造を把握する別のアプローチとしては、自社で活用している業務システムにはどんなものがあるかを洗い出すことも有効です。たとえば、ＳＡＰのようなＥＲＰを導入している場合、前述した調達プロセス（Ｐ２Ｐ）や受注プロセス（Ｏ２Ｃ）はじめ、さまざまなビジネスプロセスをＥＲＰ上で遂行しており、良質なイベントログデータを抽出可能です。

また自社開発のシステム、たとえば調達システム、生産管理システム、物流管理システムなどが存在すれば、それらのシステムを操作して行われる一連のビジネスプロセスをプロセ

図6-2　ビジネスプロセスの全体図

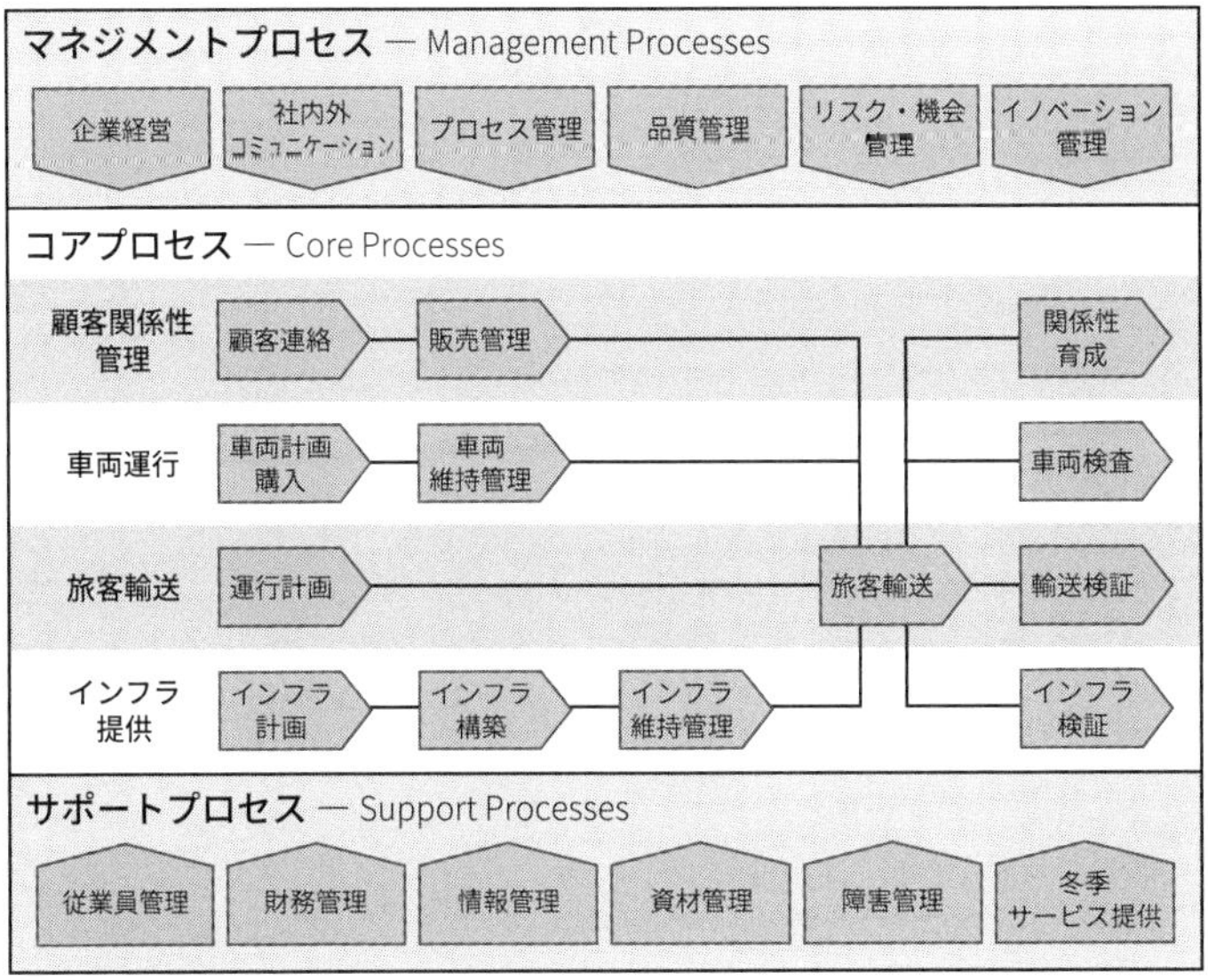

出典：Fundamentals of Business Process Management Second Edition, Marlon Dumas et al, Springer, 2018（和訳は筆者）

スマイニングで可視化することが可能でしょう。

さらに、近年多くの企業が採用しつつある各種クラウドシステム、代表的なものとしては、セールスフォース・ドットコムのSFA、CRMや、ITサービスマネジメントのためのServiceNowなどのSaaS上で行う各種ビジネスプロセスも、プロセスマイニング分析が容易に行いやすいことから、しばしばプロセス可視化の取り組みが行われています。

1　プロセスランドスケープ

前述したように、ビジネスプロセスの明確化の成果物は、自社がどのようなプロセスを遂行しているかを把握して一覧表を作成し、また**図6‐2**（前ページ）のようなランドスケープ（全体図）を作成することです。このランドスケープでは、コアプロセス、サポートプロセス、マネジメントプロセスの3つの枠組みで、ある公共交通機関のプロセス構造が描かれています。

プロセスランドスケープは、自社にどんなプロセスがあり、それらがおおよそどのように連携しあっているかをわかりやすく作ることです。大事なことは、全体感を持ちつつ、プロセス改善・改革に取り組むための道筋を描くための拠り所とすることです。

2　プロセスプロファイル

プロセスランドスケープが作成できたら、次は一つ一つのプロセスについての概要を文書化します。これは「プロセスプロファイル」（概要説明書）と呼びます。理想的には、すべてのプロセスについてプロセスプロファイルを作成し、それぞれの概要を理解した上で取り組みの優先順位を考えることが望ましいでしょう。

しかし、多数のプロセスが存在する場合には、プロセスプロファイル作成が完了するまでに長い時間を要し、肝心の改善・改革の着手が遅れてしまいかねません。したがって、あらかじめ問題が多そうだと当たりをつけておいたプロセスについて先にプロセス概要を記述して、改善・改革に着手することが望ましいでしょう。

さて、プロセスプロファイル作成に当たって、個々のプロセスの概要を把握するための必要項目は次の通りです。

- プロセス名称
- ビジョン（プロセスの目的や目標、あるべき姿）
- プロセスオーナー（責任者：複数の場合もある）
- プロセスの顧客（プロセスの成果を享受する人・部署など）
- 顧客の期待（プロセスに対して求めるもの）
- 成果（プロセスの最終アウトプットとして顧客に提供されるもの）
- トリガー（プロセスを始めるきっかけとなるもの）
- 開始アクティビティ
- 終了アクティビティ

●前プロセス（当プロセスの直前のプロセス）
●後プロセス（当プロセスに続く直後のプロセス）
●プロセス遂行に必要な資源（ヒト、モノ、情報など）
●プロセス評価指標（プロセスの良し悪しを判定するための指標）

これら必要項目は次ページの**表6－1**のような一覧表に簡潔にまとめるのがよいでしょう。

なお、この表に加えて、それぞれのプロセスの概要が容易にわかるよう「ＳＩＰＯＣ」の枠組みで整理した図も作成することをお勧めします。

表6-1　プロセスファイル作成に当たっての必要項目

プロセス名称：購買プロセス ― Procure to Pay	
ビジョン：購買プロセスの目的は、外部から調達するさまざまな製品やサービスが必要なタイミングで入手できることを確実にし、また、それらは顧客が求める品質水準であること	
プロセスオーナー：財務担当役員 ― CFO（Chief Financial Officer）	
プロセスの顧客： ・購買要求部門	顧客の期待： ・タイムリー、経済的、要求仕様通り
成果：購買要求部門に対して、製品またはサービスが納入されること	
トリガー：購買要求が発生したとき	
開始アクティビティ：購買申請 （主要なアクティビティ） 終了アクティビティ：購買依頼作成	
前プロセス：購買計画立案プロセス	
後プロセス：製造プロセス	
プロセス遂行に必要な資源： ・人材：現場エンジニア、担当スタッフ ・情報書類、ノウハウ：購買ガイドライン、サプライヤ評価、契約書ひな形 ・労働環境、資材、インフラ：購買情報システム	
プロセス評価指標： ・サイクルタイム（スループット） ・調達プロセス運営費用 ・エラー率	

出典：Fundamentals of Business Process Management Second Edition, Marlon Dumas et al, Springer, 2018（和訳は筆者）

2 改善・改革に着手すべきプロセスの選定

自社プロセスにはどんなものがあり、それが全体としてどのような構造になっているか、またそれぞれのプロセスの概要が把握できたら、一定の選定基準に沿って、改善・改革に取り組む対象プロセスの優先順位付けを行い、具体的な改善・改革計画に落とし込みます。

1 プロセス改善・改革取り組みの選定基準

対象プロセスの選定基準としては、一般に次の3つが用いられます。

●重要性

どのプロセスがどの程度、企業が重視する戦略（売上拡大、シェア拡大、顧客満足度向上、競合優位性維持など）にインパクトがあるかを評価するものです。たとえば、顧客満足度向上に重点を置いている場合、カスタマーサポートの戦略的重要性は高いと評価することになるでしょう。

●**健康状態**

各プロセスがどの程度健康であるか、逆に言うと、どれだけ深刻な問題を抱えているかを評価します。深刻な問題を抱えているプロセスほど改善・改革に取り組む優先順位を高くせざるを得ません。

●**実行可能性**

プロセスがどんなに問題を抱えていたとしても、何らかの理由で簡単には改善・改革に着手できない場合もあります。どれだけ具体的な改善・改革施策を打てるかを評価します。

2 プロセスポートフォリオ

前項3つの選定基準のそれぞれについて、各プロセスに評点（0〜5点など）を与えた上で、次ページの**図6－3**のようなポートフォリオに落とし込みます（これは保険会社のビジネスプロセスをポートフォリオに展開した例です）。これによって、最初に改善・改革に着手すべきプロセス、逆に、後回しにするプロセスを明確に特定することが可能になります。

4つの次元のうち、戦略的重要性が高いにもかかわらず、健康状態がよくない左上の次元

図6-3　プロセスポートフォリオの一例

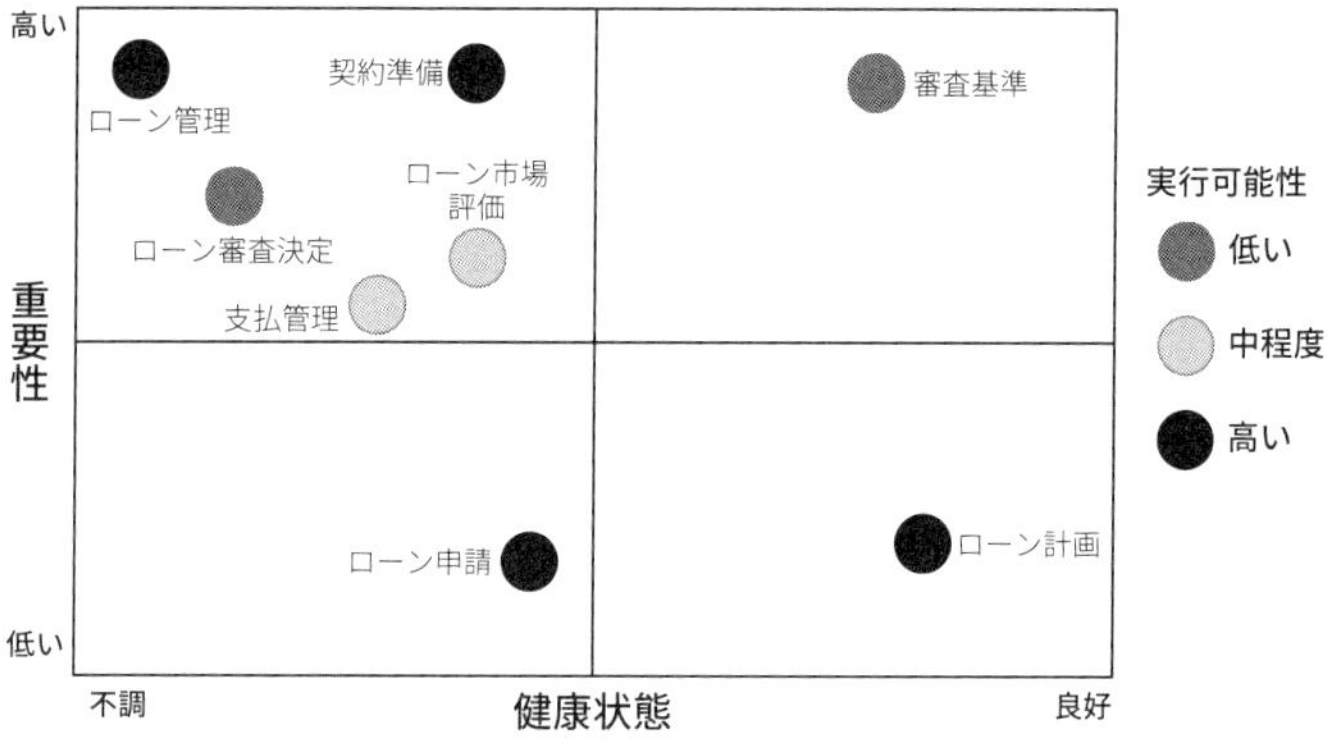

出典：Fundamentals of Business Process Management Second Edition, Marlon Dumas et al, Springer, 2018（和訳は筆者）

が、優先的に改善・改革に取り組むべき対象プロセスとなります。この次元に含まれるもののうち、ローン管理、契約準備が実行しやすいことから最優先で取り組むべきでしょう。一方、ローン審査決定は手続きが複雑だと思われます。改善・改革を簡単に行うことは難しいため、後回しにせざるを得ないでしょう。

他の次元を見てみると、右上は、重要性は高いのですが、実行可能性が低く、かつ健康状態も良好であることから現時点で改善・改革に取り組む必要性は高くないと考えられます。右下は、戦略的重要性が低く、健康状態も良好ですから、現状維持で問題ないと判断できます。

左下は、健康状態は良好でないものの、重

要性が低いため、まずは左上から改善に着手して、その後に対応すればよい、といった判断が可能です。

このように、自社ビジネスプロセスがどのようなプロセスで成立しているかを洗い出し、それぞれをプロセスポートフォリオに配置してみることで、プロセス改善・改革の道筋をつけ、具体的な改善・改革計画に落とし込むことが可能になります。

なお、プロセスマイニングを活用したいが、まずは有効性を検証したいということでＰｏＣ（*Proof of Concept*）のプロジェクトを立ち上げる場合は、そもそも対象プロセスが業務システムで実行されているか、また操作履歴としてのログが蓄積されているかも重要なポイントとなります。

7章

プロセス発見

これまで実施されてきた「プロセス発見」の各種手法に加えて
プロセスマイニングと組み合わせ、現状プロセスを把握する方法を解説。
さらに、フローチャートの国際的な標準表記法「ＢＰＭＮ」の基本を
説明しています。

1 プロセス発見とは

プロセスマイニング分析でも解説しましたが、プロセス発見は、改善・改革対象となる現状プロセスを見える化することです。具体的には、プロセスを構成する手順がどのように流れているかを視覚的に理解できる「フローチャート」を作成することです。ＢＰＭでは、プ

ロセスの手順を示すフローチャートのことを「コントロールフロー」と言います。

このフローチャートは、実際の業務の流れをできるだけ忠実に再現するように作成しますが、詳細・複雑になりすぎて理解が困難になっては意味がありません。そこで、細かい枝葉を適宜切り落としてプロセスの太い流れ＝幹が見えてくるように粒度を調整します。このように、ある程度調整を行ったフローチャートであるため、現実のプロセスをできるだけ再現できるように模したものとして、「プロセスモデル」とも呼びます。

プロセスモデルは、プロセスマイニングツールを用いれば、イベントログデータに基づいて自動的に作成してくれます。プロセスマイニングツールを用いず、手作業で作成する場合、また、シミュレーションを行ったり、あるいはワークフローシステム、ＢＰＭシステムに実装したりする場合には、国際標準のプロセス表記法であるＢＰＭＮ（*Business Process Modeling and Notation*）で作成するのが望ましいでしょう（表記法はほかにもいくつかあり、簡便にパワーポイントなどの図形機能を用いてフローチャートを作成することも場合によってはやむを得ないでしょう）。

1　プロセス発見のための情報収集法

さて、プロセスモデルを作成するためには、対象プロセスが実際どのように行われているかについての情報収集が必要となります。プロセスマイニングを活用する場合には、まずは業務システムから抽出したイベントログデータが最も必要な情報となりますが、従来の情報収集手法であった、個別インタビュー（ヒアリング）やワークショップなどを併用することがあります。

では、プロセスマイニング含め、プロセス発見のための主な情報収集法を解説します。

▼書類分析

プロセスに関して何らかの記述がある資料を収集します。たとえば、マニュアル（手順書）、引き継ぎ書、関連システムの要件定義書などです。アウトソーシングサービスに依頼するためにきっちり作成されているマニュアルには、業務フローチャートが含まれていることもあり、最も役に立つ情報源となります。

ただ、さまざまな業務についてそれぞれマニュアルが完備されている企業は現実にはあまり多くありません。たとえマニュアルがあったとしても内容が古く、最新の手順とはずれが生じているケースもあります。とはいえ、大きな流れを把握できる貴重な資料であることには違いがありません。

対象プロセス運用のために利用している業務システムの要件定義書や仕様書などが入手可能であれば、そうした資料のなかにも業務手順が示されていることが多く、役に立ちます。ただ、保管状態がよくないと、こうした資料が発見できなかったり、また仕様変更、機能改善などのために行われたバージョンアップ時の内容が反映されていなかったりと、マニュアルと同様、陳腐化していることもあるでしょう。

▼観察調査

文字通り、業務を実際に遂行している様子を調査担当者が観察して記録する方法です。手順を記録することを「動作調査（*Motion Study*）」、また、ストップウォッチを手に所要時間を測定することは「時間調査（*Time Study*）」と呼びます。これらの詳細な方法はＩＥ（*Industrial Engineering*）関連の書籍を参照ください。また、目視による検査ではなく、業務遂行の様子を動画に収めて後日、動画を見ながら記録する方法もあります。

観察調査は手間も時間もかかり、実施費用も高くなるため、たとえば月に数日だけ、あるいは1週間分だけ、といった標本調査的なアプローチをとらざるを得ません。このため、断片的な情報であり、数カ月にわたるような長大な業務全体をカバーするのは難しい点に留意する必要があります。

▼個別インタビュー（ヒアリング）

対象プロセスに関わっている現場の担当者や監督者、責任者などに時間を取ってもらい、個別インタビュー（日本では一般に「ヒアリング」と呼ぶ）を実施します。

個別インタビューは、プロセスについて詳細な情報が入手できる一方、あくまで担当者の主観に基づく内容である、典型的な手順は理解できても例外処理などの逸脱ケースの情報は集めにくい、といった制約があります。

▼ワークショップ

ワークショップでは、対象プロセスに関わる関係者をできるだけ多く一堂に集め、どのように業務を遂行しているかをお互いに確認しながらプロセスの流れを明らかにしていきます。多くの場合、付箋紙を使って、個々のアクティビティを記載し、壁に業務フローのように並べていきます。

ただ、このやり方だと、改めてBPMNを作成できるモデリングツールを使ってフローチャートを作成しなければなりません。そこで、BPMNツールを使いこなせる外部の専門家に依頼する方法もあります。ワークショップのなかで専門家にBPMNでのプロセスモデルをその場で作成してもらい、ワークショップ出席者への確認を経てワークショップ終了時には対象プロセスのモデルがBPMN形式でおおよそ出来上がっているという方法です。

▼プロセスマイニング

プロセスマイニングは、「Automated Business Process Discovery」、すなわち、自動的にビジネスプロセスを発見する手法と呼ばれることもあります。対象プロセスを遂行するために利用される各種システムから抽出したイベントログを投入すれば、プロセスマイニングツールに組み込まれたアルゴリズムによって、自動的にフローチャート、つまりプロセスモデルが作成されます。

プロセスマイニングが、対象プロセスを把握するために有効であるためには、抽出されたイベントログのデータとしての品質がある程度高いことが重要です。

また、一連の業務プロセスの一部しかシステムが活用されておらず、残りは手作業である、あるいは紙の書類が回っているといった場合、プロセスマイニングで再現できるプロセスモデルは、対象プロセスの一部しか反映していないことになります。

このため、プロセスマイニングだけでなく、インタビューやワークショップを併用しなければならないケースもあるでしょう。ただ、そうだとしても、プロセスマイニングによってプロセス全体を概観でき、処理件数や所要時間といった定量的な数値も併せて分析できることから、インタビューやワークショップにかかる時間の短縮が期待できる点は大きいと言えます。

表7－1は、こうした手法の強み、弱みをまとめたものです。

表7-1　プロセス発見のための主な情報収集法

調査手法	強み	弱み
書類分析	・体系的な情報・関係者によって入手できる ・入手できないということがない	・陳腐化した資料 ・情報の抽象度が適切ではない
観察調査	・豊富な文脈情報（周辺情報）が入手できる	・現場作業を邪魔する可能性 ・観察されることによって対象者がいつもと異なる振る舞いをする可能性 ・限られた案件数のみ収集可能であり、すべてのプロセスを捕捉できない
プロセスマイニング	・多くの案件情報を対象にできる ・客観的データ	・データ品質、および取得できるデータから再現できるプロセスの抽象度の問題 ・データが入手できない、あるいは一部のデータしか入手できない ・データ抽出、前処理に時間を要する
現場インタビュー（ヒアリング）	・豊富な文脈情報に基づく知見が得られる	・関係者のインタビュー時間確保が必要 ・情報取得完了までに、繰り返しインタビューを行う必要があり、時間を要する
ワークショップ	・豊富な文脈情報に基づく知見が得られる ・参加者によって異なる視点の解消がその場でできる	・関係者一同に同じ時間帯で参加してもらうことの困難性 ・通常、複数回のワークショップ開催が必要であり、時間を要する

出典：Fundamentals of Business Process Management Second Edition, Marlon Dumas et al, Springer, 2018（和訳は筆者）

2 プロセスマイニング活用を前提としたプロセス発見の基本手順

ここでは、対象となる業務プロセスがＥＲＰなどの業務システム上で実行されており、プロセスマイニング活用がプロセス発見に有効である場合の、プロセス発見の基本手順を解説します。標準的には、既存の方法も組み合わせた総合的なアプローチを採用するのが、現状プロセスをより正確に把握するために有効と言えます。

1 書類分析

まず、分析対象となる業務プロセスに関する書類（マニュアル、要件定義書など）が存在しているかどうかを確認し、できるだけ多く収集します。もし、書類の中に標準的な業務手順のフロー図があれば、それは「理想プロセス」として、適合性検査に役立てることができます。

2　プロセスマイニング

プロセスマイニングを実行するにあたっては、対象プロセスのイベントログをＩＴシステムから抽出すると同時に、対象プロセスの概要を理解するための基本的な情報、すなわち、おおよその処理件数（月当たり、週当たりなど）、おおよその平均処理時間（スループット）、担当部署などについて、最低限ヒアリングする必要があります。「プロセスセットアップ」と呼ばれる作業ですが、これはおおむね短時間で済みます。

3　ワークショップ

プロセスマイニングによって自動的に再現されたプロセスフローチャートを検証し、特定された非効率な箇所、ボトルネックなどの原因を探るために、関係者を集めてワークショップを開催することが効果的です。プロセスマイニング活用を含むプロセス発見においては、ワークショップの場はプロセスを発見するだけでなく、問題の根本原因を追求していく機会にもなります。

4　個別インタビュー（ヒアリング）

ワークショップの開催が難しい場合、対象プロセスに関わる現場担当者のうち、キーパーソンや、また非効率な箇所、ボトルネックに関与している担当者と個別インタビューの場を設定することも有効です。留意してほしいのは、ここでもプロセスを発見することだけでなく、特定された問題の根本原因を明らかにすることに重点が置かれること、また担当者個人の責任の所在を明らかにすることが目的ではないことです。

5　BPMNに基づくプロセスモデルの追加編集

プロセスマイニングで再現された現状プロセスは、業務システム上で行われた操作履歴に基づくものであり、システム外で行われるエクセルなどでの処理作業やFAX、電話などでの業務プロセスは把握できません。そこで、プロセスマイニング結果に、書類分析やワークショップ、個別インタビューで得られた情報を追加して、BPMNベースで詳細なプロセスモデルを作成します。システム外の作業も含むビジネスプロセスが見える化されることにより、効率が低い箇所とその根本原因を探りやすくなります。

図7-1　アビータイムライン：ボトルネック分析画面イメージ

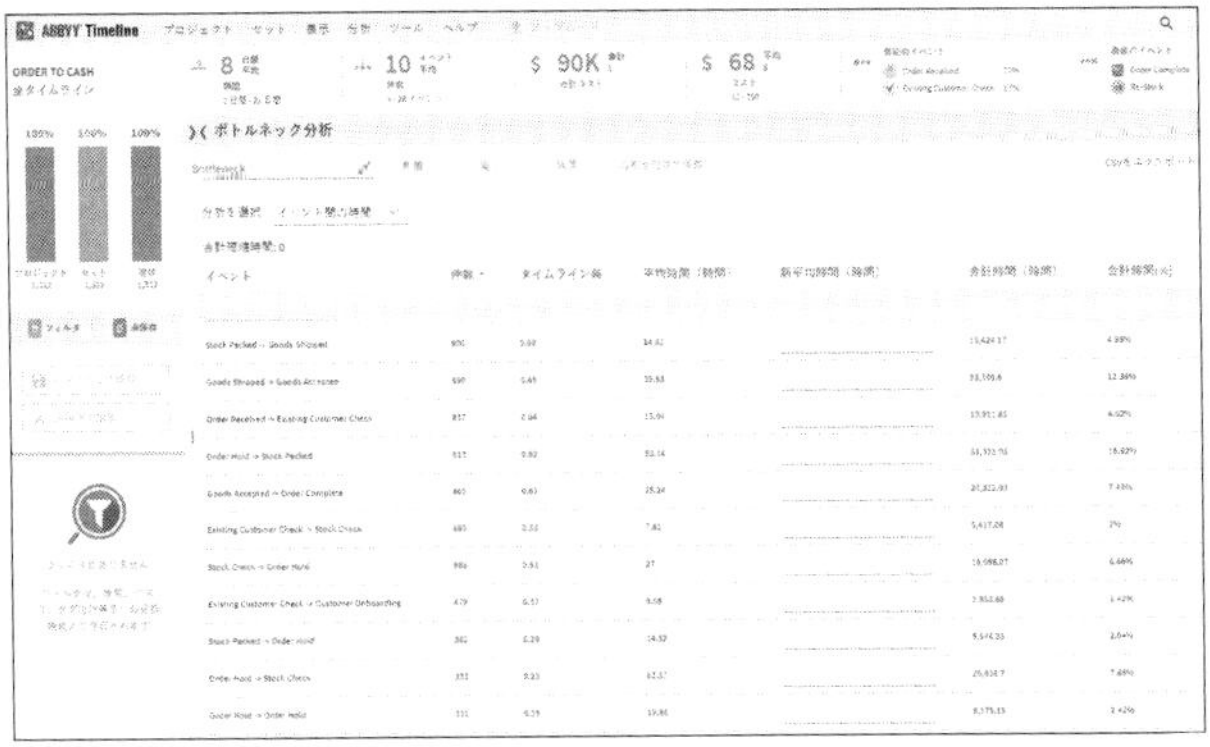

また、BPMNで作成されたモデルであれば、改善された理想プロセスに修正した後、その成果をシミュレーションで事前検証したり、BPMS（*Business Process Management System*）に実装することでプロセスを自動化したり、といった改善施策への展開が容易になります。

BPMNについては次項で簡単に説明しています。

3 BPMNの基礎知識

ＢＰＭＮ（*Business Process Model and Notation*）は、国際標準のプロセスモデルを表記する方法として世界中で使われています。現在のバージョンは2.0です。

プロセスモデル、すなわち業務手順をフローチャートの形で表現する方法には多様なものがあり、最も簡便なものとしては、パワーポイントの図形機能を活用することもできます。また、プロセスマイニングツールであれば、イベントログデータから自動的に各ツール独自の表記法に基づくプロセスモデルが自動的に描画されます。しかし、業務プロセスを改善・改革する効果を事前に検証するためにシミュレーションを行い、改善・改革後の理想プロセス（to beプロセス）を設計し、ＢＰＭＳに乗せてプロセスの自動化や監視・管理を行うためには、ＢＰＭＮに基づくプロセスモデル作成が有効です。

このため、プロセス改善・改革に取り組む担当者は、ＢＰＭＮについての最低限の知識が必要であり、またＢＰＭＮに基づくプロセスモデルの作成ができるようになることが望まし

図7-2　BPMNの基本記号

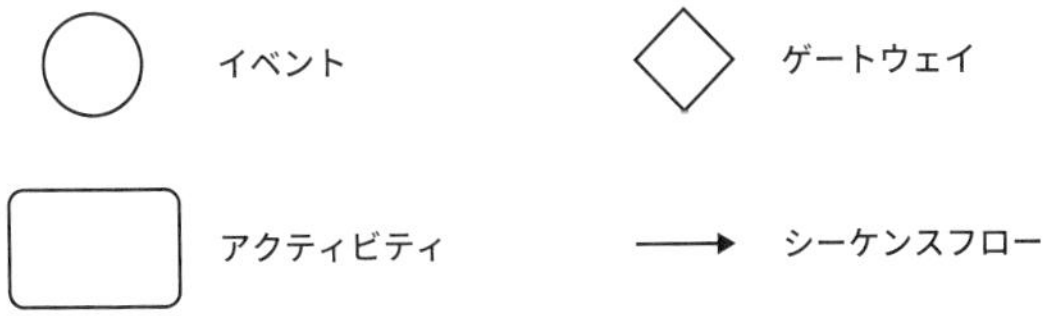

いでしょう。

本項では、BPMNがどんなものなのかについて簡単に解説します。詳細についてはBPMNの解説書を参照ください。

1　BPMNの基本記号

BPMNは、次の4つの記号が基本となります（図7−2）。

●**イベント**

主に、プロセスの起点、終点を表します。

●**アクティビティ**

プロセスを構成するアクティビティ、すなわち具体的な作業タスクです。

●**ゲートウェイ**

タスクがどのように分岐し、あるいは結合するかといった、流れ方を示すものです。

分岐する場合、「OR」（どちらか一方に流れる）、または「AND」

図7-3　受注プロセス例

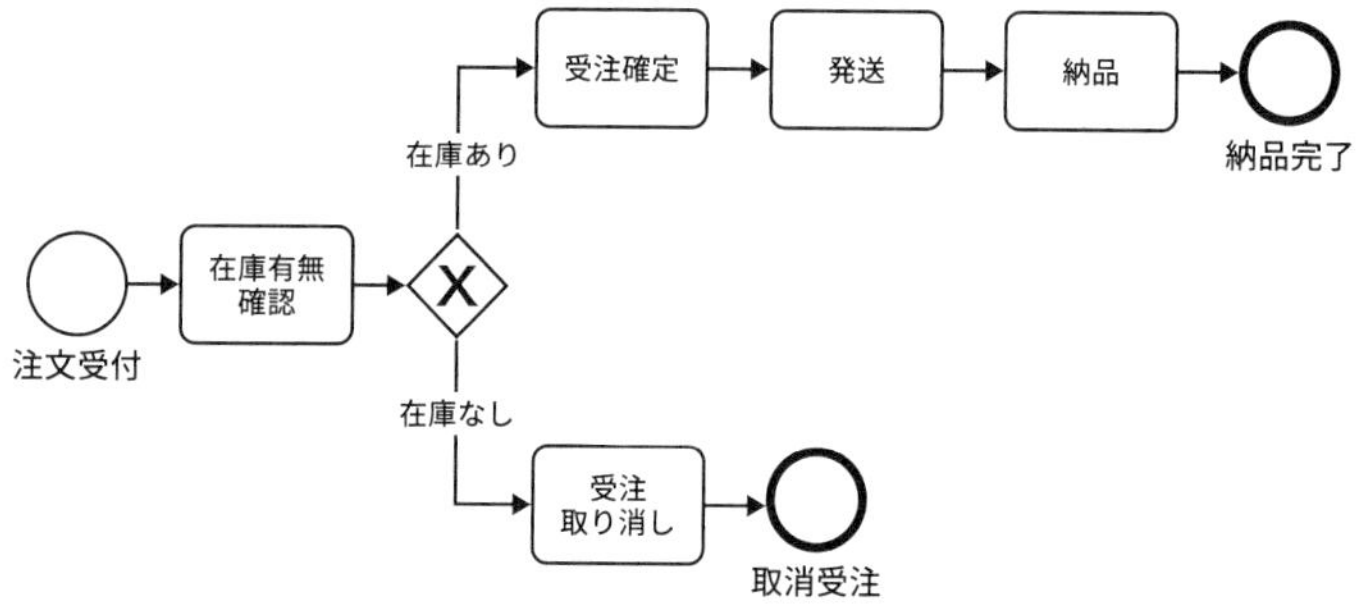

（両方に流れる）を基本としてさまざまな分岐パターンに応じた表記法があります。

●シーケンスフロー

イベント、アクティビティ、ゲートウェイをつなぐ線です。

図7−3の簡単な受注プロセス例を見てください。このプロセスの場合、「注文受付」が開始イベントです。注文受付をトリガーとしてプロセスが開始されます。まず、在庫があるかどうかの確認＝「在庫有無確認」のアクティビティが行われます。

このアクティビティについては、在庫がある場合とない場合の2通りの分岐があるので、ひし形のゲートウェイでそれを示します。在庫がある場合は上のプロセス、すなわち「受注確定」「発送」「納品」とアクティビティが

図7-4　プール&レーン例

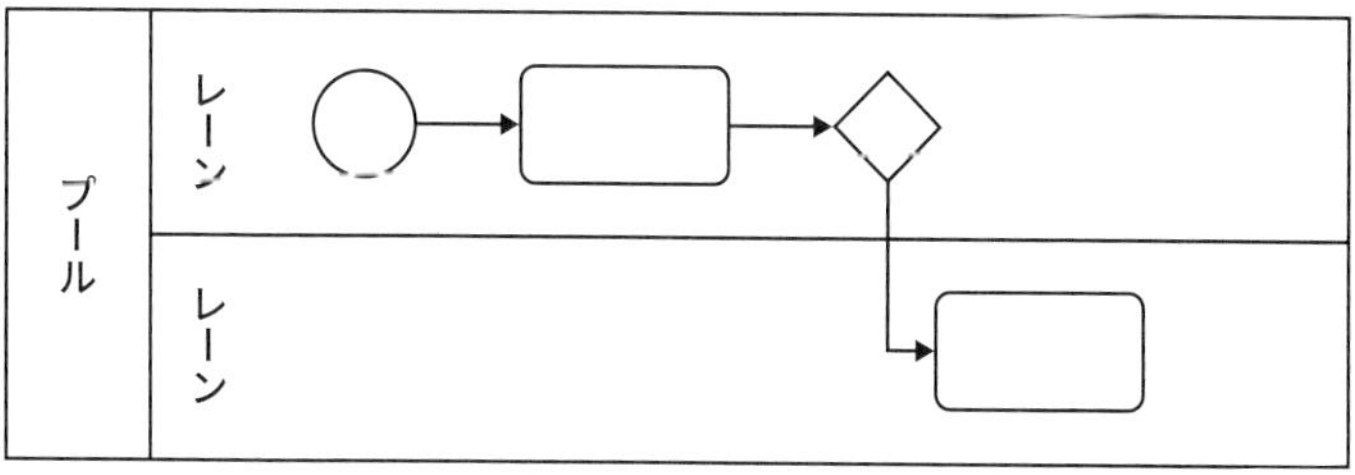

流れます。そして「納品完了」が終了イベントです。一方、在庫がない場合は、下のプロセスの通り、「受注取り消し」扱いとなり、「取消受注」で終了します。

なお、ゲートウェイのひし形の図形の中に「X」がありますが、これは、在庫あり、または在庫なしのどちらか一方にしか分岐しない条件であることから、「XOR（排他）ゲートウェイ」であることを示しています（後述）。

2　プール&レーン

また、あるプロセスに関わる部署・部門とのハンドオフ（渡し受け）を表すために、水泳プールに模して、「プール」と「レーン」という表記を用います（**図7-4**）。プールは多くの場合、会社単位、または事業部単位であり、レーンは具体的には、営業部、物流部、経理部といった区分けになります。

図7-5　BPMNフロー例

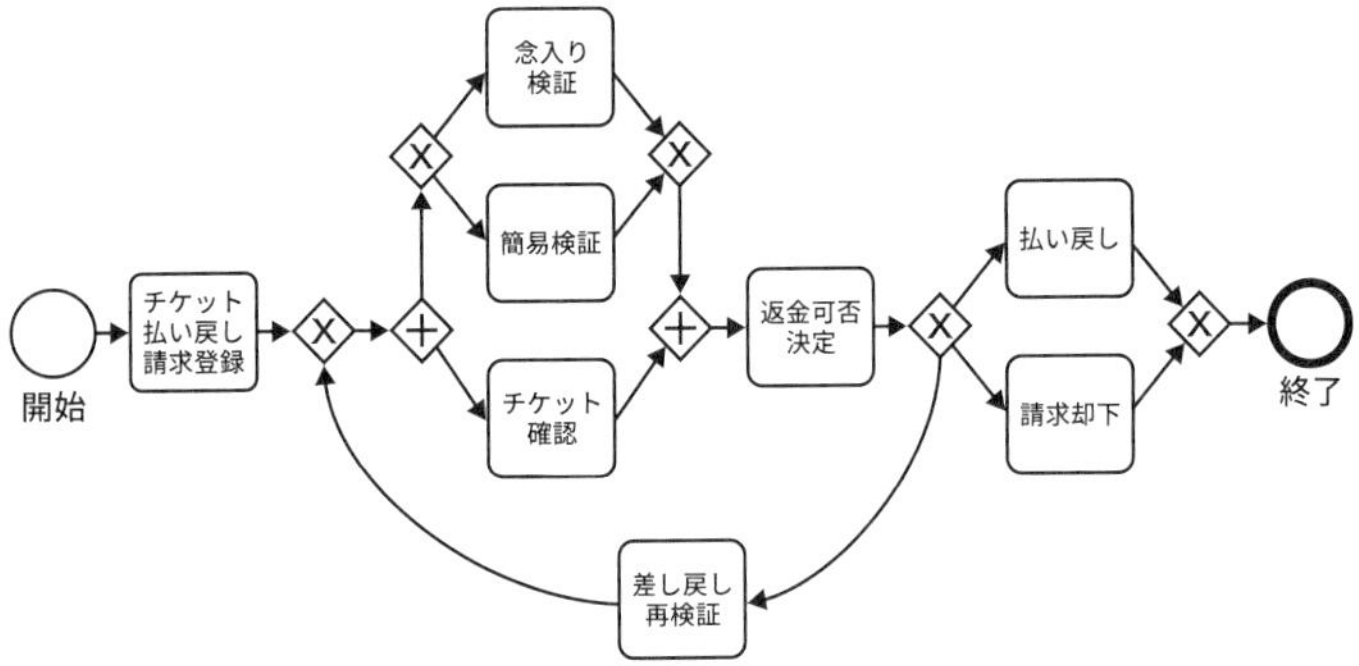

3　ゲートウェイ

次にやや詳しいBPMNのフロー図例を示します（プール・レーンはありません）。

このフローチャート（**図7-5**）は、航空券チケットの払い戻し申請の処理プロセスです。払い戻しを希望する顧客からの請求があった場合、専用のシステムに払い戻し請求案件として登録することからプロセスが開始されます。

まずチケットの内容が確認されると同時に、並行して払い戻し条件に合致しているかの検証が行われます。ここで検証は金額などの違いによって、念入りに行う場合と簡易に行う場合のどちらかへの分岐があります。

チケットの確認、および検証が完了すると、返金を行うかどうかの可否が決定され、その結果に沿って、「払い戻し」または「請求却下」のどちらかの対応が行

図7-6　ゲートウェイ記号

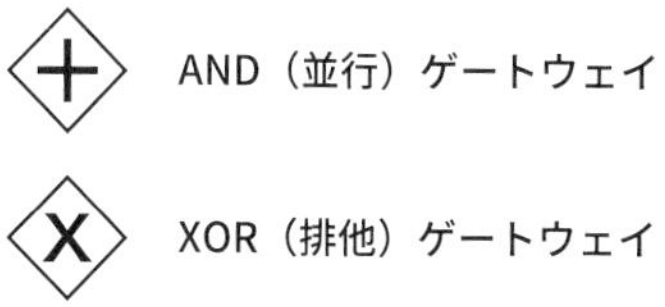

われて終了です。なお、返金可否決定に当たって、再度検証するように差し戻しが行われるケースもあり、その場合は、新規の請求案件と同様の手順を踏みます。

図7-5に用いられているゲートウェイは2種類あります（**図7-6**）。

● AND（並行）ゲートウェイ

同時並行処理を行うことを示します。分岐する場合には、両方のアクティビティが実行され、結合ゲートウェイでは、両方のアクティビティが完了することで次のアクティビティに進むことができます。

● XOR（排他）ゲートウェイ

2つのアクティビティのうち、どちらか一方だけが選択される場合に用いるゲートウェイです。分岐する場合には、何らかの分岐条件（ルール）に基づいて、どちらか一方のアクティビティだけが実行され、排他ゲートウェイでは、どちらかが実行されれば、次のアクティビティに進みます。

ゲートウェイにはほかにもさまざまな種類があります。

以上、ＢＰＭＮの基本を簡単に説明しました。ＢＰＭＮは基本となる図形以外に多様な表記法があります。詳しくはＢＰＭＮの解説書を参照してください。

8章

プロセス分析

見える化されたプロセスから、個々のアクティビティが価値を生み出しているのかどうかの評価や非効率な手順、業務のボトルネックの洗い出しを行います。

また、プロセスマイニングによる標準的な分析の流れを解説し根本原因分析によって問題を起こしている真因に到達します。

1 各種分析手法

現状のプロセスがどのような手順で行われているか、全貌が把握できたら、さまざまな視点で分析を行って、生産性が低い箇所、ボトルネックが発生し業務が滞留している箇所など、プロセスに潜む問題点を明らかにしていきます。

1　価値付加分析——Value-added Analysis

価値付加分析は、ビジネスプロセスの各ステップ（アクティビティ）の一つ一つについて、何らかの価値を付加しているものか、それともそうでないのかを評価するものです。基本的には、何らかの価値を付加しないものは、それを実行する価値がないということですから、当該プロセスからの除去候補となります。

価値付加分析では、次の３つに区分けします。

- **価値付加ステップ　Value-adding（VA）step**
- **ビジネス価値付加ステップ　Business value-adding（BVA）step**
- **非価値付加ステップ　Non value-adding（NVA）step**

- **価値付加ステップ（VA）**

価値付加ステップは、何らかの価値、または顧客満足に貢献するアクティビティです。価値付加ステップであるかどうかは次の３つの質問にイエスと答えられるかどうかで判定します（なお顧客とは、エンドユーザーとしての顧客だけでなく、後工程を行うスタッフ、すなわち社内顧客も含みます）。

・このステップに対して顧客は喜んでお金を払うか
・顧客は、自分の目的達成のために必要なステップであると同意してくれるか
・もし、このステップが除去されてしまうと、最終製品やサービスの価値が低くなると感じるか？

たとえば、受注プロセス（O2C）の場合、「受注を確定する」「製品を配送する」といったアクティビティは、注文した商品が手元に届くために必要であり、価値のあるステップだと顧客は認めてくれるでしょう。

●ビジネス価値付加ステップ（BVA）

ビジネス価値付加ステップは、顧客が価値を感じるようなものではないものの、業務を遂行する上で必要なアクティビティです。たとえば、法令順守のための確認作業は、顧客にとっては関係があまりないことですが、企業としては、この作業を怠ることによって業務停止命令を受けてしまうと製品の提供ができなくなり、結果として顧客も困る事態も生じ

るので、ビジネス的に価値のあるアクティビティと言えます。

さて、対象プロセスを構成する各アクティビティが、ビジネス価値付加ステップであるかどうかを判断する質問は次の４つです。

・このステップは、収益を確保するために、またビジネスを改善したり、成長させたりするために必要か
・このステップが除去された場合に、長期的にビジネスが損害を被る可能性はあるか
・それはビジネス損失のリスクを低減するか
・このステップは法的要請に従うために必要なものか

受注プロセス（O2C）の場合、注文内容を確認する、顧客の与信審査を行う、といったことがビジネス価値付加ステップとみなすことができるでしょう。

●非価値付加ステップ（NVA）

このステップは、価値を生み出していないステップであり、このステップを行うことは、余計な工数（費用と時間）を要することから、基本的には除去してしまうべきステップとなります。

表8-1　3種類の評価分類を行った一例

アクティビティ（ステップ）	担当者	分類
機種レンタル請求入力	現場エンジニア	VA
レンタル管理担当者に送信	現場エンジニア	NVA
機種レンタル請求内容開封・確認	レンタル管理担当者	NVA
適切機種選定	レンタル管理担当者	VA
機種在庫確認	レンタル管理担当者	VA
推奨機種・サプライヤ登録	レンタル管理担当者	BVA
機種担当エンジニアに送信	レンタル管理担当者	NVA
請求内容開封・確認	機種担当エンジニア	BVA
問題点について議論	機種担当エンジニア	BVA
機種選定担当者に戻し	機種担当エンジニア	NVA
発注書作成	レンタル管理担当者	BVA
発注書をサプライヤに送信	レンタル管理担当者	VA

VA：Value-adding - 価値付加あり
NVA：Non value-Adding - 価値付加なし（非価値付加）
BVA：Business value-adding - ビジネス価値付加あり

出典：Fundamentals of Business Process Management Second Edition, Marlon Dumas et al, Springer, 2018（和訳は筆者）

非価値付加ステップは、前述の2つのステップのどちらにも該当しないものです。具体例としては、過度に多い承認行為（日本企業の稟議システムに多く見られる）、エラーなどによる繰り返し作業、多すぎる段取り替え作業などが挙げられます。

プロセスマイニング分析では、効率の低い箇所、ボトルネックが発生している箇所を容易に特定できますが、非効率、ボトルネックが見られるアクティビティが、非価値付加ステップである可能性が高く、注意深く検証すべきでしょう。

前ページの**表8-1**は、対象プロセスの各ステップ（アクティビティ）についてそれぞれ、VA（価値付加）、NVA（価値付加なし）、BVA（ビジネス価値付加あり）の3種類の評価分類を行った例です。

2 MPU分析

ビジネスプロセスにひそむ改善点を洗い出す上で、大きく3つの視点で検討するのがMPU分析です。MPUは次の3つの切り口があります（**図8-1**）。

M：方法ロス（*Method*）
P：能率ロス（*Performance*）
U：稼働ロス／資源活用ロス（*Utilization*）

M：方法ロス

業務プロセスの手順が適切なのか、プロセスを構成する個々のアクティビティの行い方は

図8-1　MPU分析の切り口

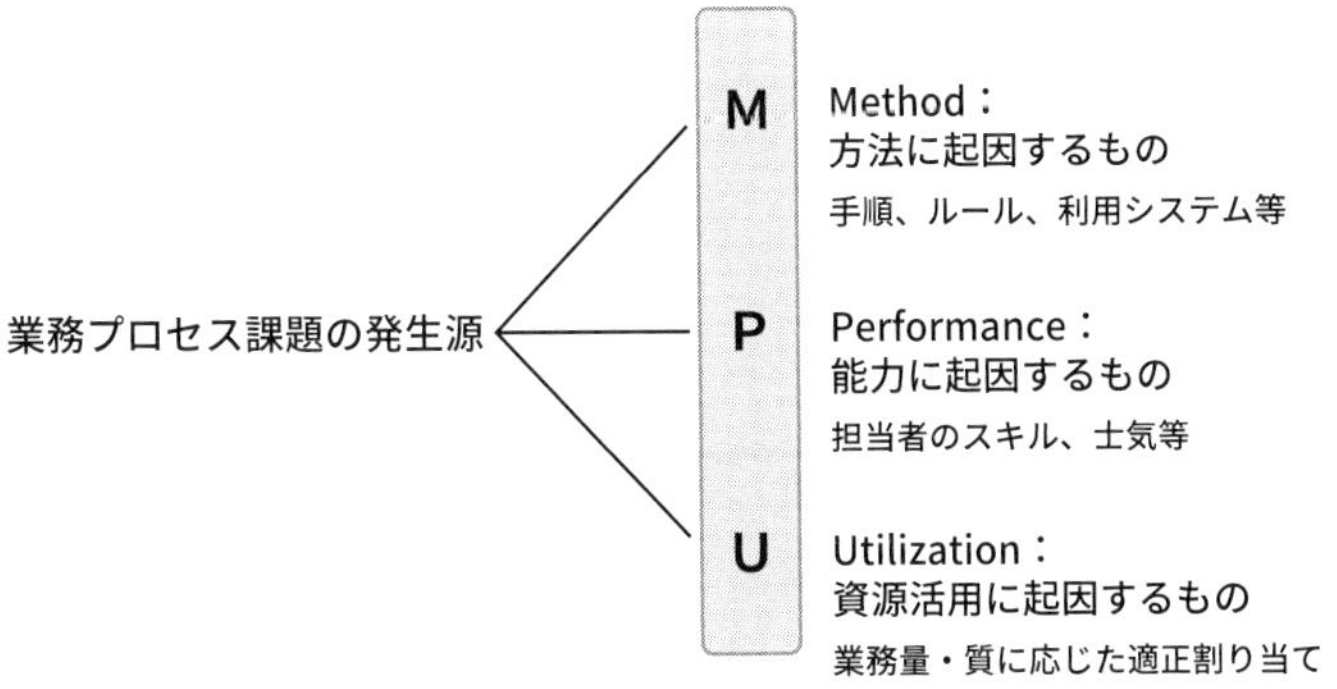

効率的であるか、当該プロセスのために利用する道具や情報システムは適切に使えるものか、また使われているか、といったことを検討します。

この方法ロスの有無は、価値付加分析に続くものとして行うのが有効でしょう。

P：能率ロス

プロセスを遂行している担当者のスキルややる気を高め、また引き出しているか、持てる能力を最大限に発揮できているか、といった視点での検討です。能率ロスの有無は、組織文化・風土や、上司部下同僚とのコミュニケーション、職場環境、労働条件など、業務プロセス自体以外の要素が多くを占め、多面的な検討が求められるでしょう。

U：稼働ロス／資源活用ロス

業務の繁閑に応じて適切にスタッフがアサインされているか、業務が特定の担当者に偏っており、個人によって業務量に大きな差異が生じていないか、といった視点で検討します。個人の能力ではなく、計画・管理側の良し悪しに起因するロスです。

▼ロスの構造

MPUのアプローチで、業務のロスをどのように把握するかを1日の就業時間（昼休みなどを除く実働時間）の枠組みで考えてみましょう。

この就業時間のうち、上司からの指示を待っている、あるいは、クライアントからの書類が届くまで作業が開始できない場合などには、いわゆる「手すき」が発生します。端的に言うと、なにも仕事をしていない時間です。これは「稼働ロス」と考えることができます。人員計画が適切でなかったり、指示の出し方がまずかったり、仕事の段取りがうまくいかないとき、せっかく人手はあるのに仕事に着手できないということで、稼働ロス、資源活用ロスになっていると言えます。

次に、仕事を行ってはいるが、たとえば1日のうちに平均10本の書類を処理できるはずなのに7本しか処理できず、3本は積み残してしまった、という状況が起こりえます。これは「能率ロス」、つまりパフォーマンスが低い、というロスです。この原因としては、担当者が新人のために仕事の効率的なやり方を習得しておらず処理速度が遅い、チェックが甘くミスが再三発生するために手戻りや繰り返し作業が発生している、モチベーションが悪化したらだらとやっている、などが考えられます。

最後は、改善すれば1日に15本の書類処理が完了できるとしたら、現在の書類処理本数である平均10本との差には「方法ロス」が存在していると考えられます。現在の処理手順を見直すことでリードタイムが短縮できたり、書類のフォーマットを変更することでミスの発生を防止できたり、と仕事のやり方＝Methodに改善の余地があるというわけです。

以上の点を概略化したものが、次ページの**図8−2**です。

図8-2　ロスの構造

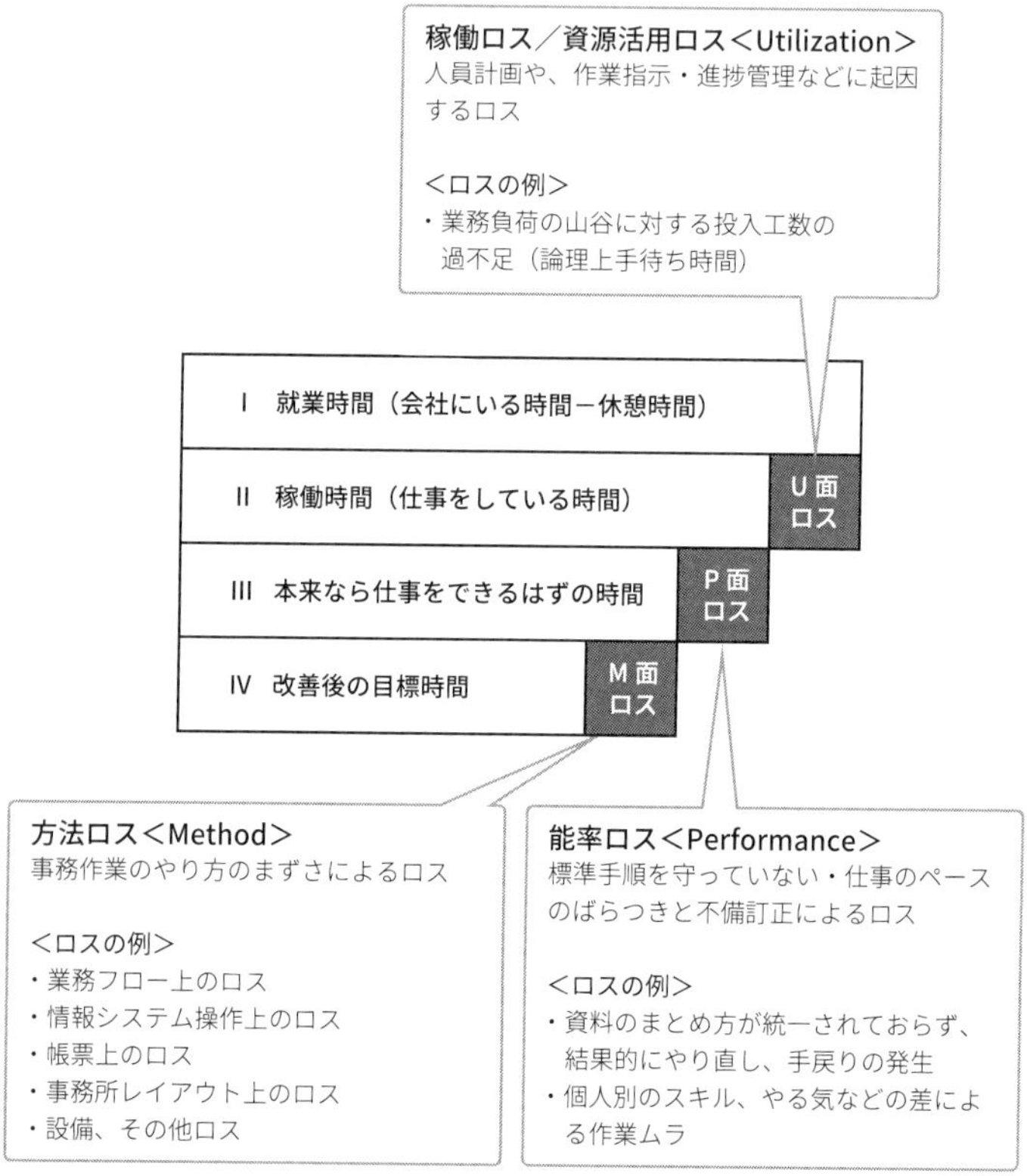
稼働ロス／資源活用ロス<Utilization>
人員計画や、作業指示・進捗管理などに起因するロス
<ロスの例>
・業務負荷の山谷に対する投入工数の過不足（論理上手待ち時間）
I　就業時間（会社にいる時間－休憩時間）
II　稼働時間（仕事をしている時間）
III　本来なら仕事をできるはずの時間
IV　改善後の目標時間
U面ロス
P面ロス
M面ロス
方法ロス<Method>
事務作業のやり方のまずさによるロス
<ロスの例>
・業務フロー上のロス
・情報システム操作上のロス
・帳票上のロス
・事務所レイアウト上のロス
・設備、その他ロス
能率ロス<Performance>
標準手順を守っていない・仕事のペースのばらつきと不備訂正によるロス
<ロスの例>
・資料のまとめ方が統一されておらず、結果的にやり直し、手戻りの発生
・個人別のスキル、やる気などの差による作業ムラ

出典：6ステップで職場が変わる!業務改善ハンドブック（株式会社日本能率協会コンサルティング著・日本能率協会マネジメントセンターより2016年刊）から（一部、筆者修正）

3 根本原因分析

さまざまな分析を通じて、対象プロセスにひそむ非効率な箇所やボトルネックを発見できたとしても、それは現象としての「問題」に過ぎません。問題解決を図るためには、問題を引き起こしている根本原因を探り、その原因を除去する施策を検討、実行することが本当の問題解決です。

このことは、病気のアナロジーで説明するとわかりやすいでしょう。患者が病院に行き、「熱がある、のどが痛い」といった症状を医師に訴えたとします。こうした症状が、現象としての問題です。こうした症状をもたらしている病気が何か＝根本原因を特定するのが医者の役割でしょう。根本原因としての病気を特定するためには、各種検査を行って、たとえば「インフルエンザ」であるという診断を下すこともあるでしょうし、ひょっとしたら別の病気かもしれません。

ビジネスプロセスも同様に、非効率性やボトルネックという問題の発生原因となっているものが何かを、分析を掘り下げていくことで特定しなければなりません。たとえば、購買プロセスのスループットが長すぎるケースがあった場合に、根本原因分析を行うと、特定の原材料、あるいは特定のサプライヤにおいて納期遅れが起きており、それが全体のスループットを長くしている原因である、ということがわかります。この場合、当該原材料、サプライヤにおいて納期遅れが発生するのは何か、とさらに掘り下げていき、本当の問題解決につながる施策を検討しなければならないのです。

根本原因分析を行わず、目で見える問題を直接解決しようとするのは対症療法です。たとえば、顧客対応プロセスにおいてボトルネックが発生しており、返信の遅れにより顧客満足度が下がっているとします。このボトルネック解消のために、単純にスタッフを増員すればよいのでしょうか。スタッフ増員によってボトルネックは一時的に解消できたとしても、コスト増をもたらし、業績的には利益低下につながってしまいます。

しかし、もし根本原因を突き止めることができ、同時にシステム導入による業務効率化が可能だったとするなら、スタッフ増員なしでボトルネックが解消できるかもしれません。結果、顧客満足度が改善されると同時に、利益を大きく圧迫することもありません。

本項では、多くの企業でも実践されてきた有名な根本原因分析手法を紹介しましょう。業務分析やビジネスコンサルティング手法を学んだことがある人にとってはお馴染みだと思います。

図8-3　5Why分析

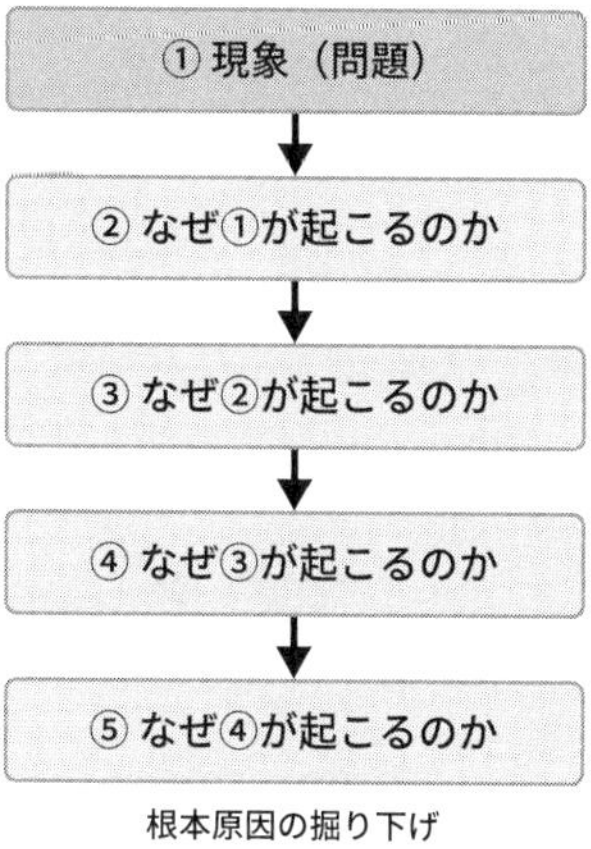

▼5Why分析

問題がある場合に、「なぜ、そうなっているのか」という問いを5回繰り返していく方法です（**図8－3**）。これはトヨタ流の問題解決法としてよく知られています。5Whyだからといって、必ず5回繰り返さなければならないというものではなく、3回のなぜで根本原因＝「真因」にたどり着くこともあるでしょうし、逆に7回繰り返さないとたどり着けないほど根深いところに真因がある場合もあるでしょう。「なぜなぜ分析」と呼ぶ人もいます。

▼フィッシュボーン分析

フィッシュボーン分析は原因の構造化を図る手法であり、見た目が魚の骨に似ているこ

図8-4　フィッシュボーン分析

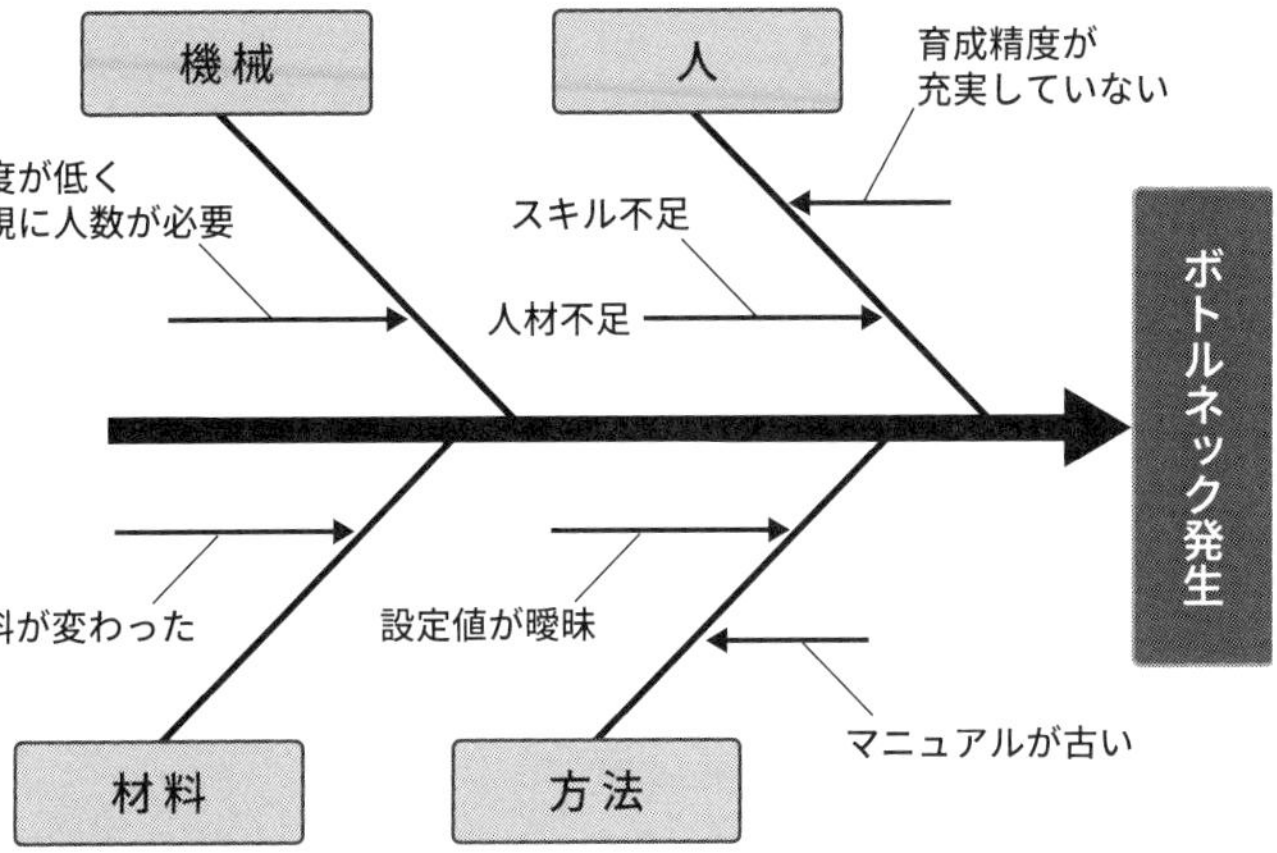

とからこのように呼ばれています（**図8-4**）。「特性要因図」や、日本の品質管理（QC：*Quality Control*）の父、石川馨氏が考案したことから「石川ダイヤグラム」とも呼ばれます。

フィッシュボーン分析は、QC7つ道具の1つとしても知られており、特に、製造業の生産現場での品質管理のために利用されてきました。問題を起こしている原因が複数存在する場合に、原因を大きく分類していくことで構造化を図り、問題解決のためにどこからどのように改善施策を打てばよいかを検討するために有効です。

2 プロセスマイニングによる分析手順

ここでは、プロセスマイニングツールを活用して対象プロセスの分析を行うための標準的な手順を解説します。

なお、分析を行う流れは直線的なものではなく、基本的にはさまざまな分析の切り口を行ったり来たりする繰り返し作業を通じて深めていくものです。とりわけ、大量かつ複雑なイベントデータの分析から、新たな知見を引き出そうとするプロセスマイニング分析では試行錯誤が不可欠です。

また、活用する分析ツールによって機能には違いがあります。機能に対する名称も異なります。本書では一般的な表現を用いています。利用されているツール独自の表現については、機能的に類似するものに読み替えてください。

さて、基本的なプロセスマイニングの分析手順は次の通りです。

1 分析対象プロセスに関する統計数値の確認
2 バリアント分析
3 頻度分析
4 パフォーマンス分析
5 リワーク分析
6 問題点検討会開催
7 根本原因分析
8 改善施策の立案
9 改善プロセスモデル作成／改善効果シミュレーション
10 レポート作成

それでは、各手順の分析内容を概説していきます。

なお、データ前処理済の「イベントログデータ」をプロセスマイニングツールにアップロードし、分析項目の紐づけ（マッピング）を行い、分析準備は完了しているものとします。

1 分析対象プロセスに関する統計数値の確認

プロセスマイニングツールの分析実行ボタンを押して分析スタートです。デフォルト画面はツールによって異なりますが、まずは分析対象プロセスに関して、次のような基本的な統計数値が表示されている画面を確認します。データの概要を把握するためです。

- **分析対象案件数（案件ＩＤ数）完了案件数・未完了案件数**
- **分析対象アクティビティ数（延べアクティビティ数）案件あたり平均／最多／最少アクティビティ数**
- **アクティビティ別発生件数**
- **分析対象期間（FROM: yyyy/mm/dd TO: yyyy/mm/dd)**
- **平均／最長／最短／中央／最頻度スループット（時間表示）スループット分布（ヒストグラム）**
- **スループット標準偏差**

これらの数値を確認する際の一番の留意点は、「完了案件のみを分析するかどうか」の判断です。完了案件とは、分析対象期間内において「開始アクティビティ」と「終了アクティビティ」の両方が含まれているものを意味します。

問題が実際のイベントログでは、期間前に開始アクティビティが始まっていたり、また、分析期間内に「終了アクティビティ」に到達していない案件が含まれていたりします。これらの「未完了案件」をそのままにしておくと、スループットの算出に問題が生じます。

基本的にはフィルター機能を活用して、分析期間内に「開始アクティビティ」と「終了アクティビティ」の両方が含まれているものだけを分析対象とする設定をこの時点で行いましょう（もちろん、分析目的によっては未完了案件を分析対象とすることもあります）。

また、スループットについては、平均、最多、最少、中央、最頻度の数値だけでなく、ヒストグラムによる分布状況を確認しましょう。プロセスデータの場合、正規分布しているケースはほとんどありません。

さらに、山が複数存在する「多峰型」のヒストグラムの場合、同じプロセスではあっても、すべてのプロセスを経由する案件と、何らかの条件で途中のプロセスを省略した簡易プロセスの案件がごっちゃになっている可能性があります（これは、次のバリアント分析で明確に識別すべきポイントです）。

2 バリアント分析

分析対象プロセスの流れは、ビジネスルールによる分岐（たとえば、ローンの申請結果に基づいて、その後の流れは、承認と非承認の2つの流れに分かれるなど）や、前工程への差戻し、繰り返し業務、逸脱などのアクティビティが存在することによって複数のパターンが発生します。つまり、開始アクティビティから終了アクティビティまでの経路にはさまざまなバリエーションがあるということです。バリアント分析では、このバリエーションそれぞれを確認することを通じて、典型的な流れや、逸脱が含まれるパターンの発見を行います。

バリアント分析でまず着目するのは、最も案件数の多いプロセスパターンです。このプロセスを「ハッピープロセス」、または「ハッピーパス（経路）」と呼ぶ場合もありますが、処理案件数が多いからといって必ずしもそれが最も理想的なプロセスとは限りません。そこで、プロセスオーナーやドメインエキスパート（現場担当者）に確認して、そもそも問題のない理想的なプロセス＝ハッピープロセスが何かを確認します。

また、ビジネスルールなどによって、途中から流れが大きく分岐するプロセスパターンが複数存在する場合、それぞれのパターンごとにもハッピーパスが存在すると考えられます。

一方で、上記理想プロセスに照らして逸脱していると考えられるプロセスパターンを洗い出し、記録に残しておきます。これらは問題点として提起すべきものになります。

なお、逸脱プロセスの発見のためにさらに「適合性検査」を行うことも有効ですが、これは標準ではなく応用分析と位置付けています。

3 頻度分析

プロセスモデル、すなわちプロセスの流れを示したフローチャートの表示画面において標準的に示されている数値が、プロセスに含まれる各アクティビティの処理件数や、あるアクティビティから別のアクティビティに流れた件数です。

これらの処理件数を細かく検証していくのが頻度分析です。着目ポイントは、もちろん処理件数の多い箇所です。処理件数が多いということは、それだけ現場担当者の負荷が大きく、処理時間が長く、または案件が滞留するボトルネックが発生しやすい箇所になるからです。

4 パフォーマンス分析

パフォーマンス分析は、基本的に「時間」尺度の分析です。プロセスの開始アクティビティから終了アクティビティまでの総所要時間（トータルリードタイム）、すなわちスループット、および、各アクティビティの処理時間、あるアクティビティから別のアクティビティまでの移行時間＝待ち時間などをつぶさに見て、時間がかかりすぎている非効率な箇所、待ち時間が長い「ボトルネック」を発見します。

パフォーマンス分析において重要なのは、所要時間が長いかどうかを判断するための基準値を明確にしておくことです。たとえば、スループットの場合、平均、または中央スループットを基準にして、それよりも長いプロセスにおいては、「全体的に時間がかかりすぎている」という問題があるとみなします。

また、各アクティビティの処理時間や待ち時間についても、平均値または中央値を基準値として設定するか、また、本来、この程度の時間であるべきというＫＰＩの目標値に照らして問題点を抽出することが有効です。

5 リワーク分析

リワーク、すなわち繰り返し業務は少ないほうが好ましく、リワークが発生している箇所には、非効率な手順や、リワークを誘発しやすい問題が潜んでいる可能性があります。

リワークには、大きくは、あるアクティビティが繰り返し行われている場合と、複数のアクティビティの流れが繰り返されている場合の2つがあります。前者は単純なエラーや反復業務が含まれている可能性、また後者は「手戻り」が発生しているということですから、ここにも何らかの原因が存在しています。

リワーク分析で浮き彫りになった問題箇所もまた、次の「問題点抽出」の1つとして根本原因追求を行うことになります。

6 問題点検討会開催

バリアント分析、頻度分析、パフォーマンス分析、リワーク分析を通じて抽出した問題点を列挙して、関係者による検討会を行います。

プロセスオーナー、およびドメインエキスパート（現場担当者）に、分析結果を示しつつ、次のような問題と想定される箇所についての確認を行います。

* 特定のアクティビティやフローにおいて処理件数が多くなっている原因
* スループットが基準値よりも長い（あるいは短い）プロセスとなる原因

* 基準値よりも、アクティビティの処理時間や待ち時間が長い箇所が発生する原因
* 標準的な手順には含まれていない逸脱手順、あるいは省略されている手順が発生している理由
* リワークが発生している理由

プロセスオーナーやドメインエキスパートに確認した結果、逸脱手順と想定されたが現実には所定の手順であったとか、ある箇所において処理時間が長くなるのは現実に照らして問題がない、という判断になることもあるでしょう。

プロセスマイニング分析であぶりだされる問題は、あくまで現象としての問題です。それが本当に企業に悪影響を与える問題であるのか、また是正すべきなのか、また是正可能なのか、ということを判断するためには、現実のプロセスをよく理解している関係者へのヒアリングを通じ、「解決すべき本当の問題」のみを残していくことが不可欠です。

7　根本原因分析

問題点の検討に続いて、根本原因を解明していくための深掘り分析を行います。プロセス

マイニング分析においては、さまざまな属性によるクロス分析を通じて、問題の手がかりを探ります。

どのような属性による分析を行うべきかについては、対象プロセスによって異なりますが、一般的には次のような属性分析が有効です。

- **サプライヤ別**
- **顧客（タイプ）別製品別**
- **資材別**
- **調達部門別エリア別**
- **調達金額別受注金額別**

たとえば、購買プロセスにおいては、どのサプライヤの場合に、あるいはどの資材調達の場合にリワークが発生しやすいのか、また、どのような条件においてビジネスルールが適用されるのか、そのビジネスルールは適切に運用されているのか、といった分析を行うことで根本原因に近づいていくことはできます。

ただ、最終的に現場担当者の手作業が非効率の原因となっているような場合、イベントログでは記録されていない業務であるため、データ分析だけでは真因に迫ることはできません。したがって、根本原因分析においては、現場担当者のヒアリングやワークショップ、観察調査などを併用して、データ有無にこだわらず、根本原因を探るためのあらゆる手段を講じることが必要になるでしょう。

8　改善施策の立案

解決すべき本当の問題、およびその問題の根本原因が明らかにできたら、いよいよ改善施策の立案を行います。改善施策案の原案は、プロセスアナリストやビジネスコンサルタントが主となって作成しますが、どの改善施策が有効であるのか、また最優先で取り組むべきなのかは、プロセスオーナーやドメインエキスパートを含む検討会で決定すべき事項です。

なお、どのようなプロセス改善を行うかは当然ながらケースバイケースですが、標準的なアプローチとしては次のようなものがあります。

- 業務手順の組み直し
- 問題アクティビティと除去アクティビティの統合
- 複数アクティビティの並行処理化、人員配置の適正化

＊自動化
詳しくは、9章の「プロセス再設計」をお読みください。

9 改善プロセスモデル作成／効果シミュレーション

取り組むべき改善施策が立案されたら、その改善施策が実施された場合の「改善プロセス」を作成し、可能な範囲でシミュレーションを行います（**図8‐5**）。現状プロセスと改善プロセスでどの程度、処理件数が軽減できたり、所要時間やコストが削減できたりするかを検証するわけです。

なお、改善プロセスの作成は、モデリングツールを用いて「BPMN準拠」のフローを作成すべきでしょう。プロセスマイニングツールのなかには、BPMN準拠のモデリング機能が含まれているものがあります。含まれていない場合は、別途モデリングツールを活用することになります。

10 レポート作成

これまでの分析内容や、改善施策案に基づく改善プロセス、およびその効果検証シミュ

図8-5　マイインヴェニオ：シミュレーション設定画面イメージ

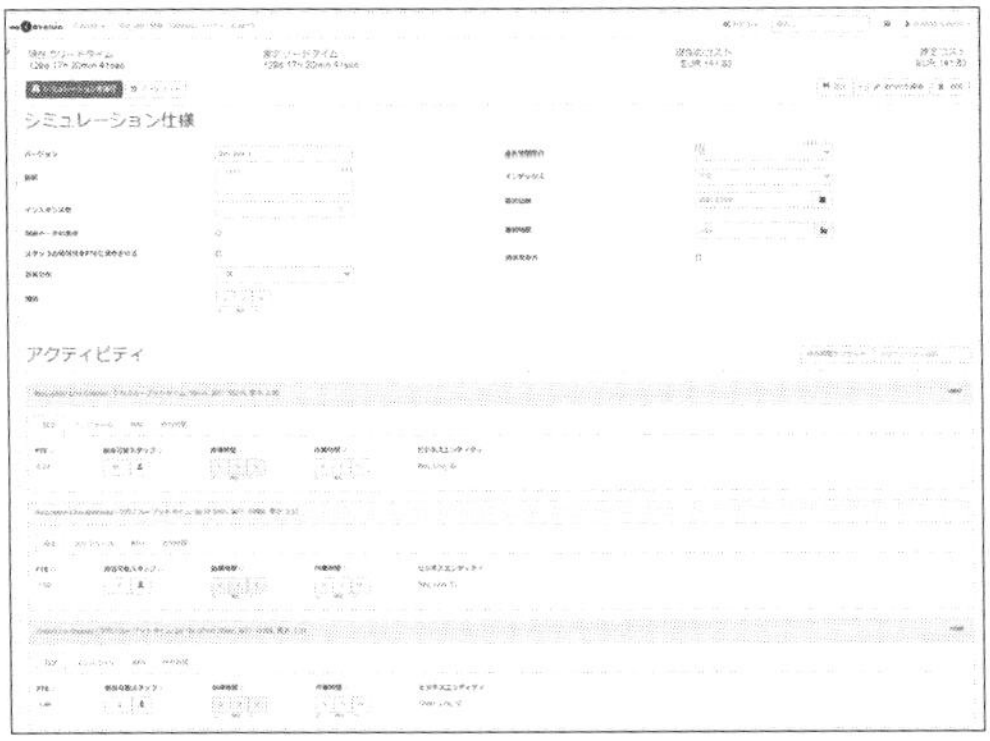

レーションの結果を取りまとめてレポートを作成します。

レポートの一般的なタイトルは

「XXXプロセスのプロセスマイニング分析レポート――問題点と解決策」

といったところです。

なお、分析プロジェクトの目的や状況によって、改善施策の立案の前の段階まで、すなわち問題点の抽出までのレポート作成になる場合もあるでしょう。

3 5M（ムダ、ムリ、ムラ、モレ、ミス）を特定するプロセスマイニング分析

製造業ではおなじみの「ＴＱＣ（*Total Quality Control*）」において5Ｍと称され、活用されてきた5つの業務プロセスにおける問題点発見のために、プロセスマイニングを活用する方法を解説します。

ＴＱＣに代表される品質管理は、基本的には業務遂行上のさまざまな課題・問題を解決して、改革・改善を目指すものです。主に工場などの製造現場で積極的に取り組まれてきましたが、物流、サービス、購買、セールスなど、さまざまな業界、またさまざまな企業活動への適用も行われています。近年は、ＴＱＣや品質管理という言葉はあまり取り上げられなくなりましたが、その考え方や手法は普遍的であり、今でも有効です。

さて、品質管理においては、改善対象となる課題・問題を大きく3つにまとめて、「ダラリ（ムダ、ムラ、ムリ）」、あるいは「3Ｍ」と呼びます。さらに、この3つに、「モレ」と「ミス」

を追加したものが、「5M（ムダ、ムリ、ムラ、モレ、ミス）」です。

1　5Mとは？

まず、5Mのそれぞれについて説明します。

▼ムダ

目的達成のための手順が多いため、あるいは複雑であるために処理時間がかかりすぎたり、そもそもやる必要のないことを形式的に続けていたりする業務です。何らかの価値をあまり、あるいはまったく生んでいない活動だと言えます。文字通り「ムダ」なので減らす、省くといった改善が必要となります。

▼ムリ

処理しなければならない案件数が非常に多い、また、案件数がそれほど多くなかったとしても、アサインされているスタッフが相対的に少ないために処理待ちの案件がどんどん溢れてしまう。結果として、業務の停滞、滞留が発生します。つまり「ボトルネック」です。案件数と処理能力のバランスがとれておらず、過剰な負荷がかかっている箇所となるので、流れてくる案件数の平準化や、自動化、スタッフ配置の最適化などの改善施策が実行されなければなりません。

▼ムラ

ムラは、端的には作業手順のバラツキのことです。マニュアルが存在しない、あるいはあっても活用されておらず、個人の裁量に任せている部分が大きいと、手順が人によって違ってきます。結果として、スループット（総所要時間）が長かったり短かったりとバラツキが大きくなり、アウトプットの品質にも差が生じます。

また、基本手順は存在しているものの、現場での事情に応じて例外処理を行った結果、手順が入り組んだ流れになるケースが増えてしまうと、やはりムラのある業務プロセスということになります。

ムラに対する改善施策としては、基本的には例外処理を減らし、標準化を図ることです。

▼モレ

抜け漏れなどと言うこともありますが、行うべき手順を意図的に、あるいはうっかり飛ばしてしまったものが「モレ」です。たとえば、生産ラインの検査工程において、やるべき検査は4種あるのに、3種だけ行って流してしまうことが慣行となっている場合、モレが発生している問題プロセスです。やるべき検査を一部端折っているわけですから、購入者が利用する際の事故につながったり、リコールを行う事態に発展したりする可能性があります。

また、コンプライアンスの観点から、やるべき業務が厳密に規定されている業務においては、モレは明確なコンプライアンス違反となります。

モレは基本的にはあってはならない逸脱プロセスですので、確実に実施するような教育・研修を行ったり、そもそもモレが生じないようなシステム的な縛りを与えたり、継続的なモニタリングを行ってアラートを出すといった改善案が検討されます。

▼ミス

ミスは、ヒューマンエラー、つまり業務を担当するスタッフが犯してしまうさまざまな間違いです。操作手順を入れ違える、入力値を間違うなど、そのまま放置することはできず、前工程に戻す、あるいは同じ作業を再度やり直すという形での修正が必要となります。ミスが多くなると、繰り返しというムダな作業が増えるということであり、また手順が増えることでのムリの高まり、ムラの発生につながります。すなわち、ムダ、ムリ、ムラ問題の原因ともなるものが「ミス」ですので、ミスが起きない仕組みづくり、またＲＰＡによる自動化が有効な改善施策となります。

2　プロセスマイニング分析での５Ｍ特定

次に、５Ｍ、すなわち、ムダ、ムリ、ムラ、モレ、ミスを発見するためにプロセスマイニング分析の多様な分析機能のうち、どれを主に活用すべきかを簡単に説明します（図8-6）。

▼ムダを特定する

ムダとは、観察できる発生事象としては、価値を生まない業務を行っていることでした。これは効率・生産性の低下という課題になります。

プロセスマイニング分析では、イベントログデータから現状プロセスモデル（フローチャート）を作成した後、プロセスを構成するアクティビティのどこでどのくらいの案件が処理さ

図8-6　プロセスマイニング分析における5M

	発生事象	課 題	プロセスマイニング分析
ムダ	価値を生まない業務を行っている	効率・生産性の低下	頻度分析 バリアント分析 リワーク分析
ムリ	作業負荷が高い、不適切な手順を行っている	業務の停滞・滞留（ボトルネック）	頻度分析 パフォーマンス（時間）分析 ソーシャルネットワーク分析
ムラ	手順が人によって違う、標準化されていない	品質のバラツキ	バリアント分析 適合性検査
モレ	所定の手順を一部省略、スキップしている	逸脱、コンプライアンス違反	適合性検査
ミス	手順間違い、ケアレスミス、エラーが発生	手戻り、繰り返し（リワーク）	頻度分析 パフォーマンス（時間）分析 リワーク分析

れ、次工程に流れているかを確認する「頻度分析」をまず行います。処理量が多いところにはムダな手順が潜んでいる可能性があるためです。

次いで、プロセスのバリエーションを比較できる「バリアント分析」によって、無駄なアクティビティを行っていると思われるプロセスパターンを探していきます。また、繰り返しが発生している箇所を発見する「リワーク分析」によって、ムダが発生していないかを探っていきましょう。

▼ムリを特定する

ムリは、作業負荷が高い、不適切な手順が行われることで業務が停滞・滞留するという課題を生み出します。したがって、ムリを特定するということは、プロセスにおけるボトルネックがどこにあるかを特定することです。

そこで、まず「頻度分析」で処理件数の多い箇所をチェックします。処理件数が多いところは、非効率であるだけでなく、負荷が高いために停滞・滞留が発生しやすいからです。また、「パフォーマンス（時間）分析」では、主に待ち時間（前工程から次工程までの間の時間）の長い箇所を見ていきます。待ち時間が長い箇所はまさにボトルネックです。

なお、併せて、対象プロセスの担当者間の業務の受け渡し関係を「ソーシャルネットワーク分析」で把握し、どの担当者間でのボトルネックが発生しやすいかを深掘りしていきます。

▼ムラを特定する

ムラは、作業手順が人によって違うことであり、標準化がされていないことで、プロセス品質のバラツキが課題となります。

これは、まず「バリアント分析」で、処理パターンがどのくらいあるかを確認します。パターンが多ければ多いほどさまざまな手順が行われていることを示しています。また、理想プロセスとの比較分析を行う「適合性検査」によって、標準から逸脱しているアクティビティにはどのようなものがあるかを明確にしていきます。

改善施策としては、標準化を目指すことになりますのでマニュアルの整備、多様な手順を許さないようなシステム的手当が有効でしょう。

▼モレを特定する

モレは、所定の手続きを一部省略、つまりスキップしているわけですから、標準からの逸脱であり、コンプライアンス違反の課題がある業務プロセスとみなされます。

そこで、理想プロセスとイベントログから再現された現状プロセスとの比較分析、すなわち「適合性検査」を行って、逸脱箇所を把握していくことになります。

改善施策としては、仕組みとして手順の省略ができないようにする、またコンプライアンス研修を行って担当者の意識を高める、といったことが挙げられます。

▼ミスを特定する

ミスは、具体的には手順の間違い、ケアレスミス、その他各種エラーの発生であり、結果として、手戻り、繰り返し（リワーク）につながります。

ミスしているかどうかをプロセスマイニング分析で判定することは困難なので、「頻度分析」「パフォーマンス（時間）分析」「リワーク分析」などを行い、処理件数の多いアクティビティ、処理時間の長いアクティビティで繰り返しが大量発生していないかを確認し、最終的には、現場担当者へのヒアリングや、タスクマイニングによるタスクレベルでの詳細プロセス把握を通じて、何らかのミスが起きていないかを検証していくことになります。

ミスをゼロにすることは難しいですが、ＲＰＡによる自動化を行えば理論上はミスはゼロになります。また、ユーザーインターフェイスが使いにくい、つまりユーザビリティが低いとミスを起こしやすくなりますので、操作画面のユーザビリティ改善のためのシステム修正などが求められるでしょう。

9章

プロセス再設計

プロセス改善・改革に当たっては、時間、費用、品質、柔軟性など、どのようなＫＰＩを向上させることに重点を置くかを考える必要があります。また、改善施策検討には、「ＥＣＲＳ」や「経験則的再設計法」などの枠組みを活用するとアイディアが出しやすくなります。

1 プロセスＫＰＩと悪魔の四角形

(Devil's Quadrangle)

プロセス改善・改革のためにさまざまな施策を考えるに当たって、どのような点（時間やコストなど）をよくしたいのかを明確にしておく必要があります。これは、プロセスの良し悪しを評価するためのプロセスＫＰＩを設定しておくということでもあります。

基本的には次の４つの軸を向上することが望ましいでしょう（**図9-1**）。

●時間

プロセスの開始から終了までの総所要時間＝スループットをいかに短縮するか、というのが基本視点になります。時間が短ければ短いほど、多くの場合、顧客満足度は向上し、かつコストも下がるからです。もちろん、単に短くすればよいだけでなく、適切なタイミングで行うことが求められるケースもあるので注意が必要です。

●費用

プロセスに係る費用は低ければ低いほどよい、というのが一般則でしょう。コストが低ければ、顧客に提示する販売価格を下げる余地が増えますし、また利幅（売上-費用）の拡大につながります。

●品質

品質は、生産プロセスであれば、品質検査に合格する製品を増やすこと、逆に言うと不良

図9-1　プロセス施策に有効な4つの軸

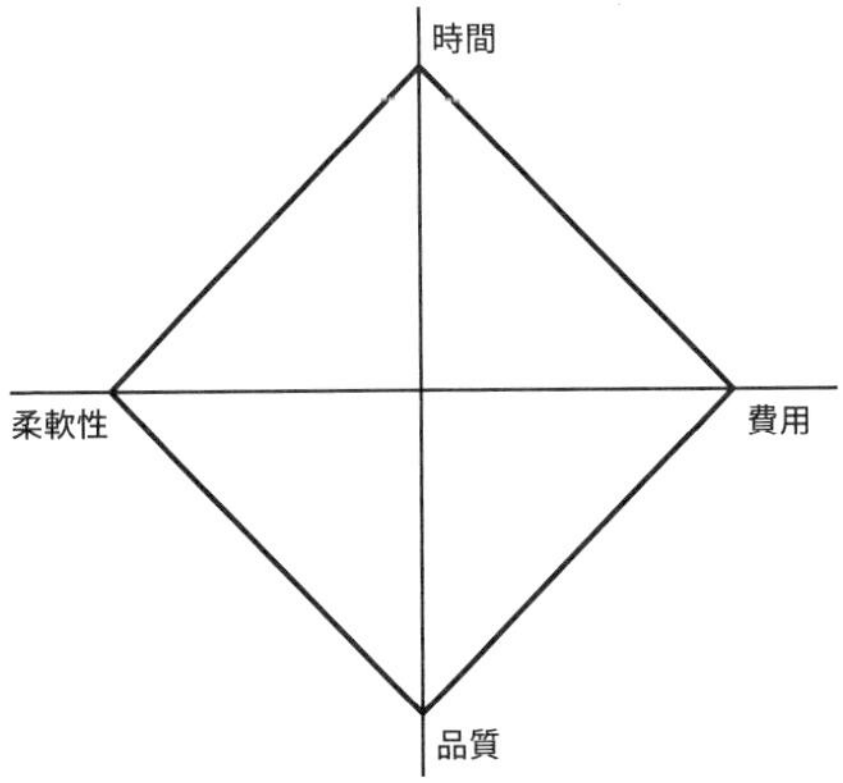

品率を下げることです。受注プロセスであれば、正しく納品されることであり、納品内容を間違ったり、配送先を間違ったりするようなミスを減らすことになります。

●柔軟性

柔軟性とは、業務量が急に増えた場合などにも安定的にプロセスを実行し続けられるような対応力を意味します。また、例外的な処理が必要な場合に、何らかの適切な判断を行うことで業務を止めてしまわない、といったことです。

以上４つの軸は、前述したようにプロセスのパフォーマンスを評価するＫＰＩとしても必須の項目と言えます。ただ、時間、費用、品質、柔軟性の４つを同時に改善しようとすることは現実的には困難です。というのも、これら４つの間にはトレードオフ、すなわちあちら立てればこちら立たず、といった関係があるからです。

そこで、このような４つの軸の二律背反的な関係を「悪魔の四角形」と呼び、プロセス改善のための施策を考えるに当たっては、どの軸を重点的に改善すべきなのか、すなわち、時間短縮が大事なのか、それとも品質向上を重視するのかなど、ＫＰＩ間の相関関係を踏まえた施策を開発する必要があります。

たとえば、生産プロセスのスループットを短縮するために、検査工程を簡素化する施策を行うと、結果として不良品率の悪化につながる可能性があります。逆に、品質を高めることを重視するなら、検査工程を増やすべきかもしれません。そうすると、スループットはどうしても長くならざるを得ません。

また、費用を削減するためには業務手順の標準化を進めることが有効ですが、これは例外処理を受け付けないということであり、柔軟性を失うことになります。顧客対応プロセスの標準化を進めすぎると、杓子定規な対応しかしてくれないなど、一部の顧客の不満を招き、それが全体に悪影響を及ぼすかもしれません。したがって上述したように、どの軸を重視し、どの軸をある程度犠牲にするかという全体バランスを考えた調整を踏まえた施策を検討することが求められます。

2　改善施策創出のための枠組み

プロセス改善・改革のための施策を検討する方法にはさまざまなものがありますが、まずはシンプルでわかりやすい枠組みである「ＥＣＲＳ」を紹介しましょう。

1　ECRS

ＥＣＲＳは次の英単語の頭文字を取ったものです。

- Eliminate
- Combine
- Rearrange
- Simplify

E　排除（Eliminate）：業務をなくすことができないか？

価値付加分析と視点は同じです。何らかの価値を付加できていない作業、プロセスであるならば、思い切って排除してしまおうということです。各種行政手続きにおける「確認印」の廃止は、排除の典型的な例だと言えます。

C　結合（Combine）：業務を1つにまとめられないか？

複数ページにわたっているオンラインの入力フォームを1ページにまとめてしまうことで入力の手間やページ遷移を待つ時間を短縮する、といったものが結合です。また、製造現場では、生産工程によって場所が異なるために移動の手間と時間が発生しているケースがありますが、場所を一カ所にすることで余計な手間・時間が削減できます。

R　交換・順序替え（Rearrange）：業務の順序や場所などを入れ替えることで、効率が向上しないか？

手順の一部を入れ替えることで効率を向上させたり、業務の滞留、すなわちボトルネックの発生を抑えたりできないかと考える切り口です。

図9-2　ECRSの流れ

S　簡素化（Simplify）：業務をより単純にできないか？

業務を詳細に分析してみると、より簡単な方法で行えることがわかり、工数も時間も削減できることがあります。厳密に言えば簡素化には該当しませんが、RPAによる業務自動化は人、すなわち担当者の業務を一部軽減してくれるという意味で簡素化に含めます。

なお、排除、結合、交換・順序替え、簡素化の施策を考える順序ですが、ECRSの流れの通り、まずは、そもそもその業務はやるべきものか、なくしてしまっても問題ないかを検討することから始めます。次いで、結合できないか、交換・順序替えできないかを検討し、最後に、やるべき業務であるなら、なんとかよりシンプルに、簡単にできるようにならないかを検討します（図9−2）。

2 プロセス改善・改革の9つの経験則的再設計法

本項では、具体的な改善施策を検討するために参考になる9つの再設計手法を紹介します。これらの再設計手法はBPMにおいて体系化されたものです。過去に数多く実施されたプロセス改善プロジェクトを通じて経験則的に編み出された実践的な手法です。実はプロセス再設計の経験則は30個近くあります。うち、今回紹介する9つの手法は、最も一般的で改善効果が出やすいものです。そして、9つのプロセス再設計法は、大きくは3つのレベル（タスクレベル、フローレベル、プロセスレベル）に分類することができます（**図9-3、次ページ**）。各手法の解説は3つのレベルごとに行っていきます。

▼タスクレベル

プロセスを構成する個々のタスク（アクティビティ）について何らかの変更を行うものです。

1 タスク除去

所要時間が長い要因となっているタスクについて、そもそもそのタスクはやる価値があるのか検討し、いっそなくしてしまう、あるいは回数を減らすものです。たとえば、承認タス

図9-3　9つの再設計手法

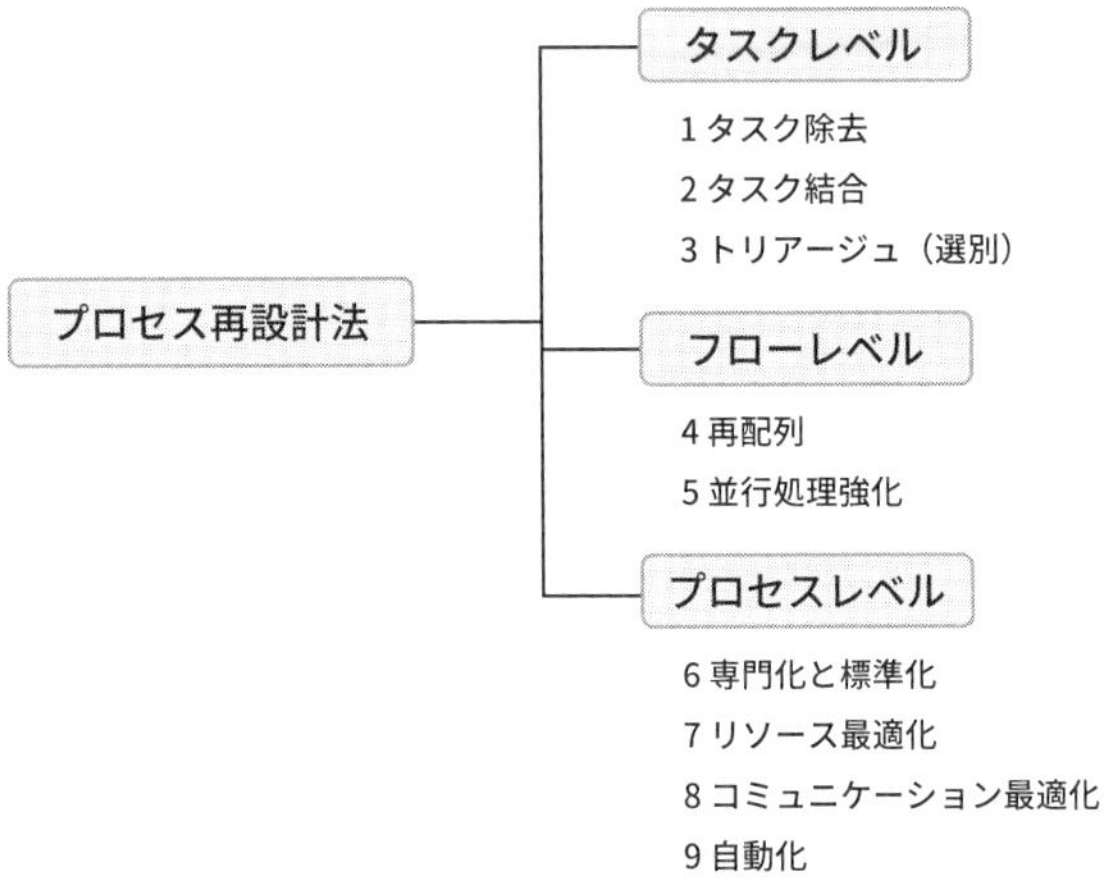

クが3段階あり、形骸化している場合、1段階減らして2段階のタスクにする。また、検品プロセスで、全品に対して検査を行うのではなく、無作為抽出した一部の製品のみの検査を行う統計的方法に変えることで、検査タスク件数を数分の1に減らす、といったことが考えられます。

2　タスク結合

タスクが細分化されていたり、複数の部署間でタスクのハンドオフが発生していたりすると、所要時間が長くなりがちです。したがって、複数に分かれているタスクを1つのタスクで統合してしまう、他部署にタスクを渡さないで自部署でまとめてタスクをやってしまう、といったタスク統合が有効な場合があります（逆に、複数の作業が1つのタスクにまとまっていることで非効率になることもあります。その場合は、タスクを分解することが有効な場合もあります）。

3 トリアージュ（選別）

あるプロセスに、一定の条件で分岐させてサブプロセスを走らせることで、所要時間を短縮できる場合があります。たとえば、調達プロセスで購買申請受付に続くタスクとして、金額が1千万円以上、1千万円以下でそれぞれ異なるプロセスを走らせるといった方法です。逆に、サブプロセスが多すぎることによって複雑化している場合には、いくつかのサブプロセスを統合することも検討すべきでしょう。

▼フローレベル

タスク単体ではなく、タスクとタスクの順序についての改善手法です。

4 再配列

タスクの流れを見直し、最も効率的で、また作業量が最小となるような順番に組み直すのが再配列です。たとえば、調達プロセスにおいて、AとBの2つの承認タスクが含まれている場合に、Aのタスクでは平均1％が差し戻しとなり、Bのタスクでは10％が差し戻しになるとします。この場合、より多くの差し戻しが発生するBのタスクをAのタスクの前にもってきたほうが、Aの承認件数が相対的に減少し、全体としてはより効率的に作業量を減らすことが可能となります。

5　並行処理強化

あるプロセスにおいて、前のタスクが終了して初めて次のタスクが始まるという逐次処理が行われている場合に、逐次ではなく、並行して複数のタスクを処理するプロセスに変更すれば、プロセス全体の所要時間の短縮が見込めます。逐次処理タスクを並行処理に変更することはしばしばスループット短縮に大きな効果があります。

▼プロセスレベル

個々のタスク、タスク間の順序以外に、別の視点も踏まえた改善を行うものです。

6 専門化と標準化

専門化は、あるプロセスを複数のサブプロセスに分けて、それぞれに担当者を割り当てて専門性を高めてもらうことで効率化や顧客満足向上などを目指すものです、たとえば、ＶＩＰと一般客に分けて、特にＶＩＰに対してはスピーディで丁寧なサービスプロセスを提供するようなものです。逆に、標準化は、製品別などで分かれているために同一の業務なのに複数のプロセスが存在している場合に一本化を図るものです。

7 リソース最適化

同じ業務プロセスを複数の担当者で遂行している場合に、特定の担当者に業務量が集中し、他の担当者が遊んでしまっているといった状況、あるいは、業務量に対して担当者が少ないために待ち業務が積みあがってボトルネックになっている、といった問題点に対しては、担当者の割り当てを工夫する、担当者のシフトを見直すなどの「リソース最適化」が必要となります。

8　コミュニケーション最適化

プロセスの流れが、電話やＦＡＸ、メールなど、何らかのコミュニケーションをきっかけに駆動する場合、たとえばコミュニケーションを受けるタイミング、処理するタイミングなどを変更することで、効率化や顧客満足が向上できる場合があります。

9　自動化

明確な一定の手順が存在する定型業務の場合はＲＰＡによる自動化が有効となるでしょう。また、インプットされた情報に基づいて自動判定するようなアプリケーションを開発するなど、自動化の選択肢も複数あります。

以上、経験則に基づくプロセス再設計方法を解説しました。自社のプロセス改善・改革プロジェクト、あるいはＤＸ推進プロジェクトにおいて、個々の問題・課題に対する解決策を導く場合に、これら９つの経験則が適用できないか検討してみましょう。

なお、本項の冒頭で述べたように、プロセス再設計の経験則は、『Fundamentals of Business Process Management Second Edition』では29個紹介されています。

3 プロセス再設計：取り組みの優先順位づけ

前項で説明したように、プロセスを改善する方法には多様なものがあります。したがって、プロセス改善・改革に実際に着手するに当たっては、何らかの基準でどの施策から順番にやっていくか、優先順位づけを行う必要があります。プロセス再設計のための各種施策の優先順位づけには**図9-4**（次ページ）のようなマトリックスを活用するとよいでしょう。横軸に期待できる成果の大きさ、縦軸に実行の難しさをとり、4つの次元に分けます。

優先的に実行する：成果の大きさ↓大／実行の難しさ↓易しい

マトリックスの左上の次元に位置する施策案です。再設計施策を実行することによる成果が大きい、たとえば大幅にスループットが短縮できる、あるいはコストが削減できると期待される一方、実行は比較的容易な場合、実行しない手はありません。最優先で実行すべき施策となります。

実行してもよいが優先度低い：成果の大きさ↓小／実行の難しさ↓易しい

マトリックスの右上の次元の施策案は、成果の大きさはあまり大きくないものの、実行は

図9-4　改善施策ポートフォリオ

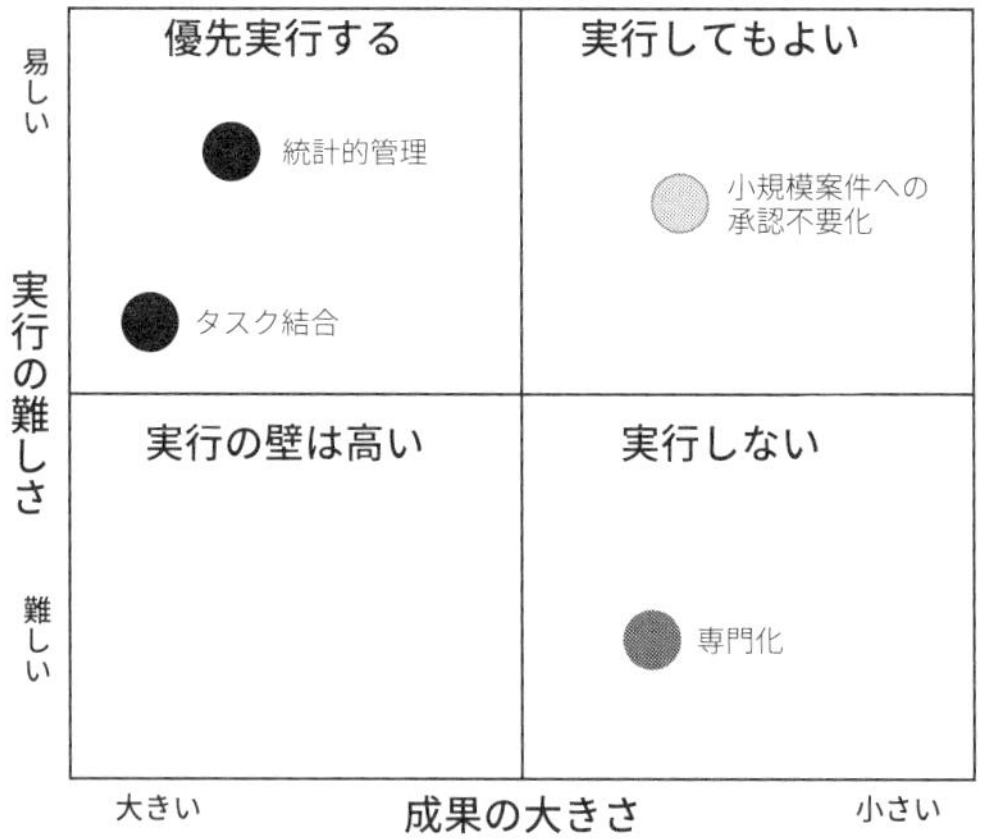

出典：Fundamentals of Business Process Management Second Edition, Marlon Dumas et al, Springer, 2018（和訳は筆者）

易しいと考えられる施策になります。実行がしやすいとはいえ、得られる成果が低ければ、費用対効果が期待できないということになるので、左上の次元の実行を優先し、その後に余力があれば着手すればよい、という判断にするのが妥当でしょう。実行の優先順位を下げるべき施策案です。

実行の壁は高い：成果の大きさ→大／実行の難しさ→難しい

左下の次元は、得られる成果は大きいと想定されますが、さまざまな理由により実行は簡単ではないと判断される施策です。成果が大きい、たとえば顧客満足度が大幅に向上でき、リピート率の改善が見込めるようなアイディアだったとしても、その実行には巨額の投資が必要となるケースです。

この場合、業績好調時であれば予算確保もしやすいかもしれませんが、業績がはかばかしくない時期には予算取りが難しく、実行できないかもしれません。このような施策案の実行にはかなりの困難を伴うことを踏まえて取り組むべき、という結論になるでしょう。

実行しない：成果の大きさ↓小／実行の難しさ↓難しい

右下の次元は、成果が小さく、実行も難しいと考えられる施策案です。このような施策をあえて実行する価値は当然ないため、実行しないという判断になります。

10章

プロセス改善・改革実行

プロセス改善・改革施策を実行する際は
小さい改善から始めることが成功への近道となるでしょう。
また、プロセス改善・改革に重要なのが実行体制の確立です。
期限が明確なプロジェクト体制、および継続的にプロセス改善・改革を
実行するCOEの運営がプロセス改善・改革成功のカギを握ります。

1 段階的な改善・改革の進め方

事業の主にプロセスをゼロベースで見直し、根本的な改革を行う手法として「BPR（*Business Process Reengineering*）」はビジネスパーソンなら誰もが聞いたことがあるほど有名です。1990年代前半に提唱されたBPRは、失敗するケースも多くブームはあっという間に去りました。

BPRが失敗した原因はさまざま言われていますが、一番の原因と考えられるのが既存の業務の進め方や組織体制をまったく新しく再構築するアプローチだったということです。そのため、現場のスタッフ含め関係者の抵抗が大きく、また新しいプロセスを軌道に乗せるために時間を要したことが挙げられています。

理想論としては根本的な見直し、すなわち「改革」を推進すべきところですが、実行可能性や成功の可能性を考慮すると、現実には小規模な改善から始め、成功体験を共有しながら、改善の範囲を広げ、全社的な改革へとつなげていくのがベストだと現在では考えられています。

図10－1（次ページ）は、漸進的な取り組みであるBPI（*Business Process Improvement*）から、大きな改革に取り組むBPRへの展開を次の4つの軸で示したものです。

- **経営層の関与――Management Involvement　象徴的⇩強力**
- **取り組む範囲――Scope　特定部署・地域⇩企業全体**
- **改善目標――Improvement Goals　そこそこ⇩大きい**
- **ＩＴの役割――Role of Information Technology　単発的⇩基盤的**

また、取り組む対象の粒度としては、業務プロセスの最小単位である「タスク」から始まり、企業全体のビジネスプロセスの構成を表す「バリューチェーン」までが示されています。

- **タスク：ボタンを押す、など最小の業務単位**
- **アクティビティ：請求書を確認する、といった複数のタスクからなる業務単位**
- **ユニット：プロセスを構成するいくつかの業務。サブプロセスと同意**
- **プロセス：受注プロセス、調達プロセスなどの複数部署にまたがるプロセス**
- **バリューチェーン：企業全体のさまざまなプロセスの連携で成立するプロセス。ビジネスモデルに近い**

では、これらを、取り組む対象別に考えてみましょう。

●タスク

タスクレベルの改善は、近年はＲＰＡによる自動化が行われるケースが多くなっています。基本的に特定部署内のプロセスについての改善の取り組みであり、現場主導で、小予算で進めることが可能です。したがって、経営層の関与はほとんどなくても大丈夫ですし、情報システムの役割も限定的なものです。もちろん、改善目標は相対的には小さなものにな

図10-1　BPIからBPRへの展開軸

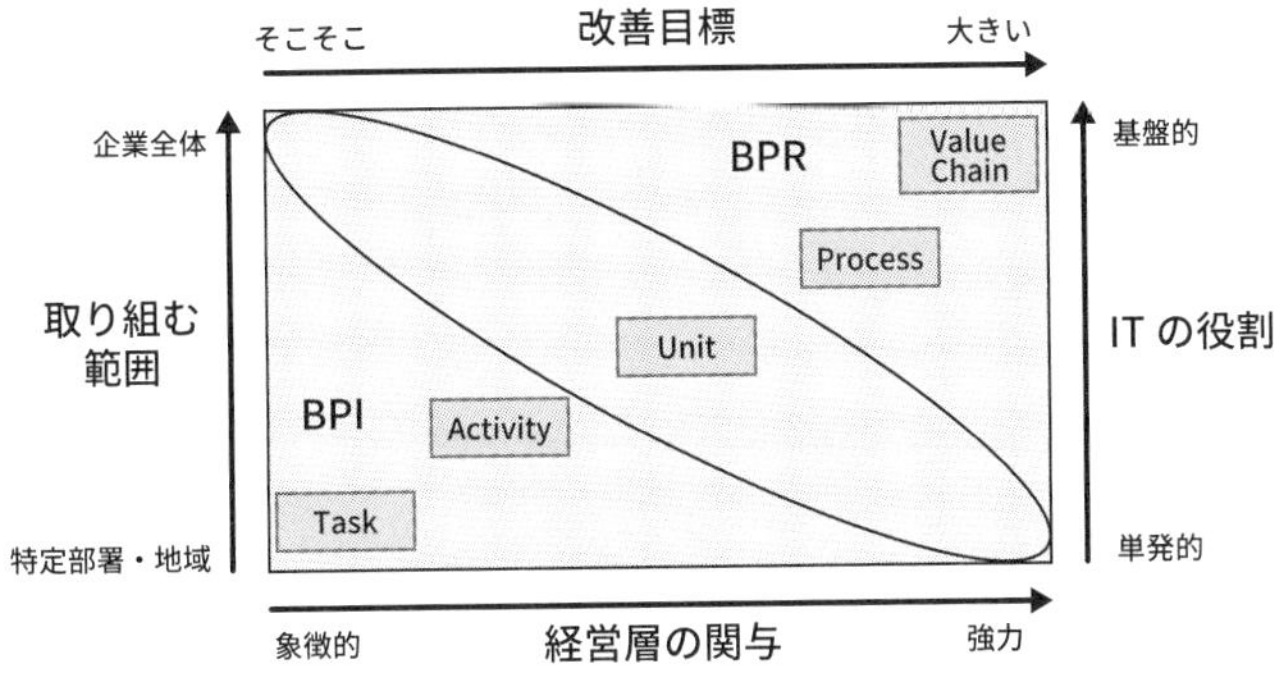

BPI：Business Process Improvement – ビジネスプロセス改善
BPR：Business Process Reengineering – ビジネスプロセス改革

出典：BPM CBOK Version 4.0 Guide to the Business Process Management Common Body Of Knowledge, Tony Benedict et al., 2019（和訳は筆者）

ります。

●アクティビティ

アクティビティレベルの改善もＲＰＡの範疇であり、部署をまたぐとしてもそれほど複雑・長大ではありません。したがって、現場主導、限定予算で取り組むことが可能でしょう。複数の部署が関わる場合には調整のための打ち合わせなどに時間を要することになるかもしれません。

●ユニット（サブプロセス）

ユニットは比較的複雑で長いプロセスであり、調達プロセスであれば、調達依頼から発注までのプロセス、発注から納品までのプロセス、納品から支払いまでのプロセスなど、いくつかのユニット、すなわちサブプロセスで構成されます。いきなり調達プロセス全体の改善に取り組むのはプロジェクトとして荷が重いものです。まずは調達依頼から発注までのプロセスを切り出して、改善活動を行い、続くサブプロセスに広げていくという流れがスムーズだと思われます。

ユニットレベルになると、手間も時間も要するそこそこの規模の取り組みとなるでしょう。多くの部署が関係し、調整もより大変になるため、経営層の後押しが多少ともほしいところですし、ＩＴの役割も大きくなっていきます。

●プロセス

受注プロセス、調達プロセスといったレベルの改善の取り組みは、情報システムの見直しも含む大がかりなものとなります。プロジェクトリーダーとして役員クラスがアサインされることも多くなり、数年にわたる規模になることもあるでしょう。ゼロベースの根本的な改革であるＢＰＲとしての強力な推進体制が求められます。

● バリューチェーン

企業全体として、どんな顧客に対して、どのようなプロセスでどんな価値を生み出すのかというバリューチェーンレベルでの取り組みはまさに改革であり、ビジネスモデルの転換になることも多いでしょう。たとえば、これまで売り切り型のソフトウェアを開発・販売していた企業が、SaaSとしてのサブスクリプションサービスの提供に切り替える場合、当該企業を成立させていたほとんどのプロセスの根本的な組み直しが必要になります。

2 実行体制

プロセスマイニング活用を前提とするプロセス改善プロジェクトのチーム編成、および継続的なプロセス改善のための特任組織である「COE（*Center of Excellence*）」について解説します。

1 プロセスマイニングプロジェクトのチーム編成

プロセスマイニングは分析手法であり、データサイエンティストなどデータ分析スキルを持つ人材の参画が不可欠です。**（図10－2）**。

●プロセスオーナー

プロセスオーナーは、プロセスマイニングの分析対象となるプロセスに関して、直接の権限や責任を持つ人です。プロセスマイニングの結果、ボトルネックなどの問題が発見され

図10-2　プロジェクトのチーム編成例

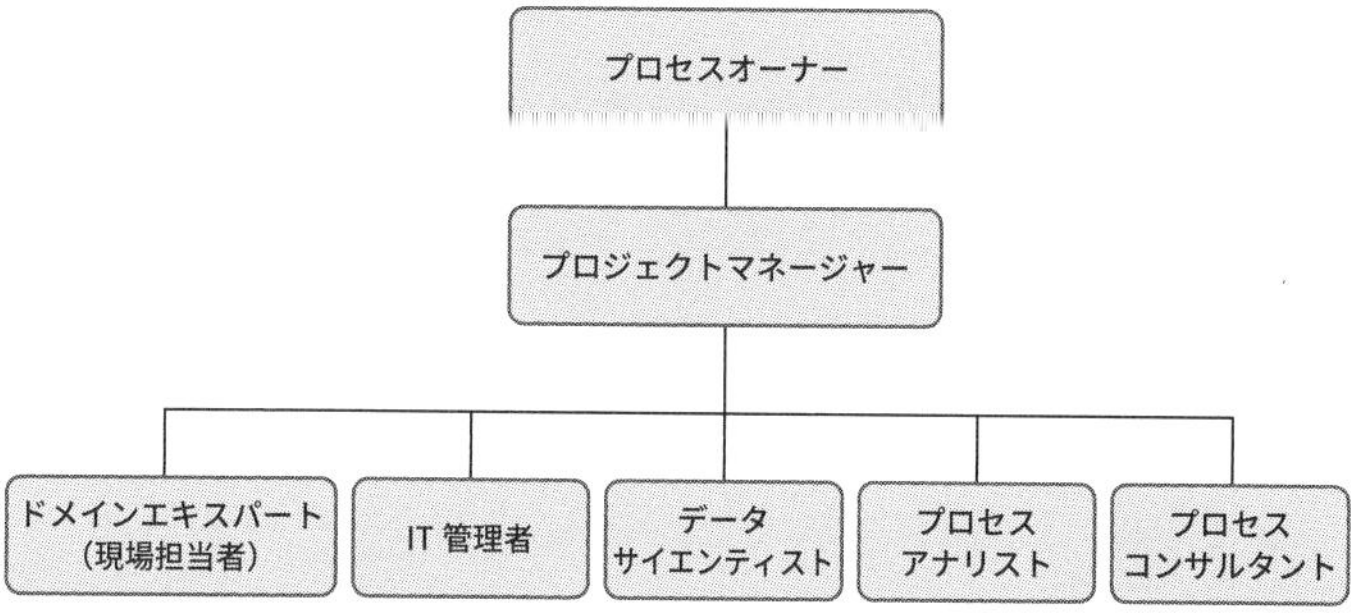

て解決策が提示された場合は、それを承認（または非承認）する立場になります。分析対象プロセスが複数の部門にまたがる場合は、それぞれの部署のトップがプロセスオーナーになるよりは、より上位の事業部長クラス、あるいは役員クラスがプロセスオーナーになってもらうのがよいでしょう。

●プロジェクトマネージャー

プロジェクトマネージャーは、文字通りプロジェクトの進捗管理を行う役割を担います。大企業になると、複数のプロセスを対象とするプロセスマイニングが並行して走ることが一般的であり、データサイエンティストなどの専門家のリソースが限られることから、並行するプロジェクトとのリソース配分も調整しつつ円滑にプロジェクトを推進していかなければなりません。

●ドメインエキスパート（現場担当者）

ドメインエキスパートとは、分析対象プロセスに含まれる各活動を遂行する現場の担当者のことです（*Subject Matter Expert: SME*と呼ぶこともあります）。従来の業務分析におけるヒアリングでは、彼らドメインエキスパートに協力を仰ぎ、現場でどのような手順で業務を行っているかを確認します。

プロセスマイニングの場合、まずはイベントログデータで業務の流れを可視化します。したがって、ドメインエキスパートの役割は、プロセスマイニングの結果から洗い出された問題点の根本原因を掘り下げるために、イベントログでは拾いきれない詳細な業務内容を伝えることです。

●ＩＴ管理者（ＩＴエンジニア）

ＩＴ管理者は、分析対象となるイベントログデータがＩＴシステムのどこにどのように蓄積されているかを確認し、イベントログデータを抽出する役割があります。どのデータ項目が必要なのかは、データサイエンティストからの「データ抽出依頼書」の内容を参照します。

●データサイエンティスト

データサイエンティストは、プロセスマイニング分析のための分析計画を立案するとともに、分析目的に照らして必要なデータ項目は何かを決定して「データ抽出依頼書」に落とし込み、IT管理者にイベントログデータ抽出を依頼します。

また、抽出されたイベントログデータに対して、ノイズとなるデータを除去したり、データを変換したりするなど、プロセスマイニングツールにアップロードするためのクリーンなイベントログを作成します。この作業を「データ前処理（*Data Preparation*）」と呼びます。

データ前処理を行うイベントログデータは大容量であるため、ETLツールや、Python、SQLなどのスクリプトを活用します。

なお、プロセスマイニングツールは、多くの場合、データサイエンティストが操作しますが、ツール自体の操作はBIツールと同様、それほど技術的な素養は必要としないため、基本的な操作はプロセスマイニングの関係者全員がある程度行えるようになるのが望ましいでしょう。

●**プロセスアナリスト**

プロセスアナリストは、ＢＰＭの知識を有し、プロセスマイニングの結果をプロセスだけでなく、人・組織、システムなど多面的な視点で評価し、非効率なプロセスやボトルネックを特定、根本原因分析のために、ドメインエキスパートへのヒアリングや、現場の観察調査などを行います。

●**プロセスコンサルタント**

プロセスコンサルタントは、業務改革・改善のための方法論、リーンマネジメントやシックスシグマなどの知識を有し、プロセスマイニングを通じてあぶり出した問題点の解決策を立案し、その実行を提案、管理することが役割です。

以上は、果たすべき役割によってチーム編成を説明しています。データサイエンティスト、プロセスアナリスト、プロセスコンサルタントの3人については、求められる知識やノウハウ、経験がある程度重なり合います。一人のコンサルタントがこれらの役割を複数同時に担うケースもあります。

2 COE ―― Center of Excellence

次に、継続的プロセス改善を目的としたDXの推進、デジタルツインの実現を主導する特任組織である「COE」の位置付けや役割について解説します。

COEに対応する日本語の適切な表現はありません。そのまま「COE」と呼ばれています。欧米ではCOEを設置する企業が増えています。日本企業でもCOEが設置されているところがありますが、部署としての役割は同じでも、名称としては「DX推進部」や「BPR部」といった名称になっていることが多いようです。

DX、デジタルツインとは？

さて、「DX」は、テクノロジーを活用して自社ビジネスモデルを大きく変換することに主眼が置かれています。

単に、今までアナログ的にやっていた業務をデジタルツールに置き換えることではありません。テクノロジーを梃子にして、事業構造、組織構造を大きく転換し、デジタルによって大きく変化しつつある社会経済環境への適応を図ろうとするものがDXです。

また、デジタルツイン、正確には「DTO（*Digital Twin of an Organization*）」は、実際の業務を

そのままバーチャルなモデル（＝デジタルツイン）としてＰＣディスプレイ上に再現することで、業務プロセス上のさまざまな問題点を発見しやすくしたり、また日々の業務における問題発生をリアルタイムにモニタリングしたりと、即時の是正を図ろうとするものです。

デジタルツインについて詳しく解説しておきましょう。

「デジタルツイン」は、純粋なテクノロジーとしてはビジネスに適用範囲が限定されるものではありませんが、ビジネスプロセスの視点では、前述したように「Digital twin of an organization」の略称です。

「Digital twin of an organization」は直訳すれば、「組織のデジタルな双子（片割れ）」となります。一方、現実の職場、仕事は「アナログな双子（片割れ）」です。アナログな現場では、多くのスタッフが協働しながら業務を行っています。ただ、業務の多くがＩＴシステムで遂行されるようになったことから、業務内容がデジタルな足跡（*Digital footprint*）として残されています。

デジタルな足跡、すなわち「イベントログ」をプロセスマイニングで分析することにより、今まで見えなかった業務内容を可視化することができるようになりました。業務プロセスの流れはフローチャートとして〝発見〟できます。

プロセスマイニングによって、案件処理数や、アクティビティ単位の「処理時間（サービスタイム）」や前工程から次工程までの移行時間、すなわち「待ち時間（ウェイティングタイム）」なども算出可能であり、業務負荷の高い箇所、業務が滞留しているボトルネックの特定が容易になりました。また、誰がどんな業務を担当しているのか、誰と誰が業務を通じて連携し、協働しているのかも明確に把握可能です。

重要な点は、ぼんやりとしかわかっていなかった業務の流れや処理件数、所要時間、協働関係などをファクトに基づいて明確化できることです。プロセスマイニングによって見える化された各種のフローチャートや図表は、まさに、組織の在り方、業務内容をデジタルデータに基づいて再現した「デジタルツイン」だと言えます。

デジタルツインを実現するメリットは、現実をファクトベースで正確に把握できることだけではありません。デジタルツインであれば、一部の工程を削除したり変更したりしたらどうなるか、あるいは一部のプロセスをＲＰＡで自動化したら全体にどのような影響が起こる

図10-3　デジタルツイン活用のイメージ

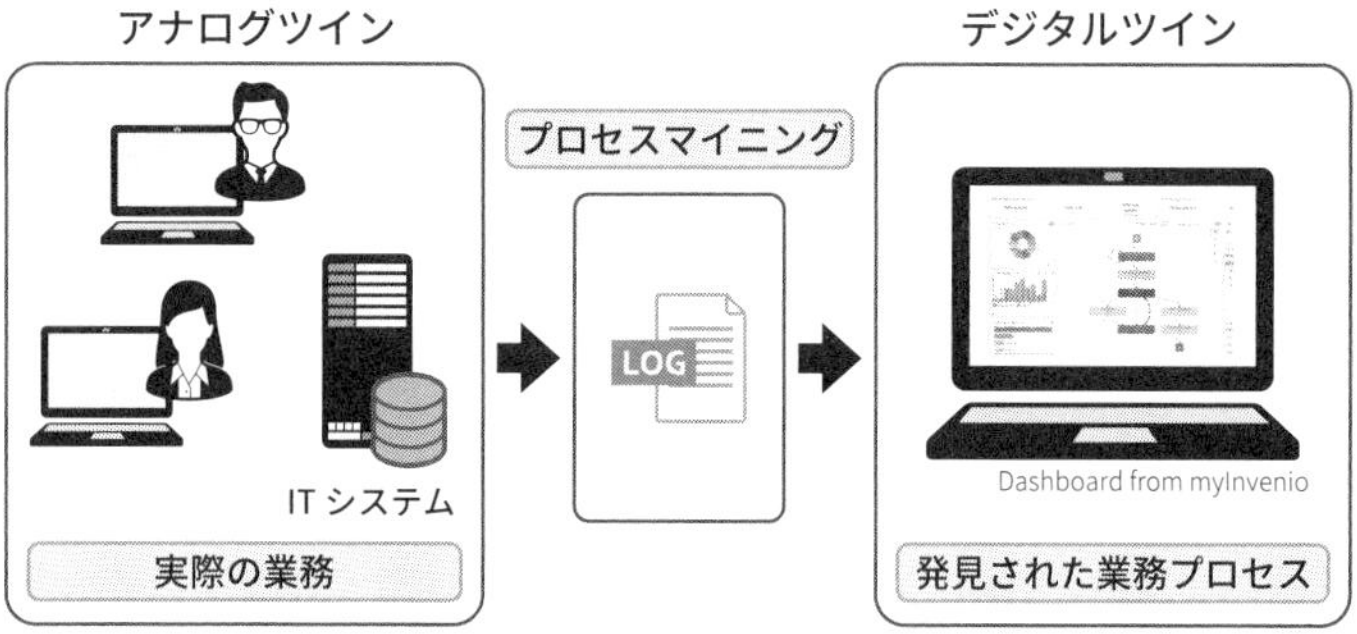

のか、シミュレーションが行えます。

すなわち、どのように業務プロセスを改善すれば、リードタイム短縮化、コスト削減、ボトルネック解消ができるのかを検証した上で、アナログツイン、つまり実際の現場、現実のプロセスに展開することが可能です。

さらには、ＩＴシステム上に記録され続けているイベントログをリアルタイムでプロセスマイニングツールに流し込めば、現場の業務遂行状況をデジタルツインにおいて監視し、問題点の即時是正が行えます（**図10-3**）。

▼COEの位置付け・役割

近年、社会経済のあらゆる側面、また企業活動のあらゆる側面においてデジタル化が進む中、旧態依然とした仕事のやり方ではもはや生き残ることはできません。企業全体のＤＸを推し進め、ＤＴＯによる継続的プロセス改善を行う必要があります。ここで、DXの推進、DTO実現を主導するのが、社内の特任部隊である「COE」です。

COEは、調達、製造、物流、販売、マーケティング、サービス、経理・財務などの現業部門とIT部門の中間に位置付けられ、両者がうまく連携できるようにさまざまな調整を行います。

COEは、最先端のテクノロジー、ツールを現業部門のユーザーが最大限に活用し、成果を出せるようにさまざまな形で支援を行います。一方、IT部門に対しては、現業部門のニーズを吸い上げ、それをシステムの開発、改修のための要求仕様に的確に転換してIT部門を支援します（図10-4、次ページ）。

▼COEのキーメンバー

テクノロジー活用が前提となるDX推進のためのCOEは、データドリブン、すなわち業務に関わるさまざまなデータを収集・分析することによって問題点を発見し、是正します。したかって、DXプロジェクトを現業部門と共に立ち上げ、COEに所属する次ページで示すようなエキスパートが、プロジェクトを主導あるいは支援する形で参画します。

図10-4　COEの全体像

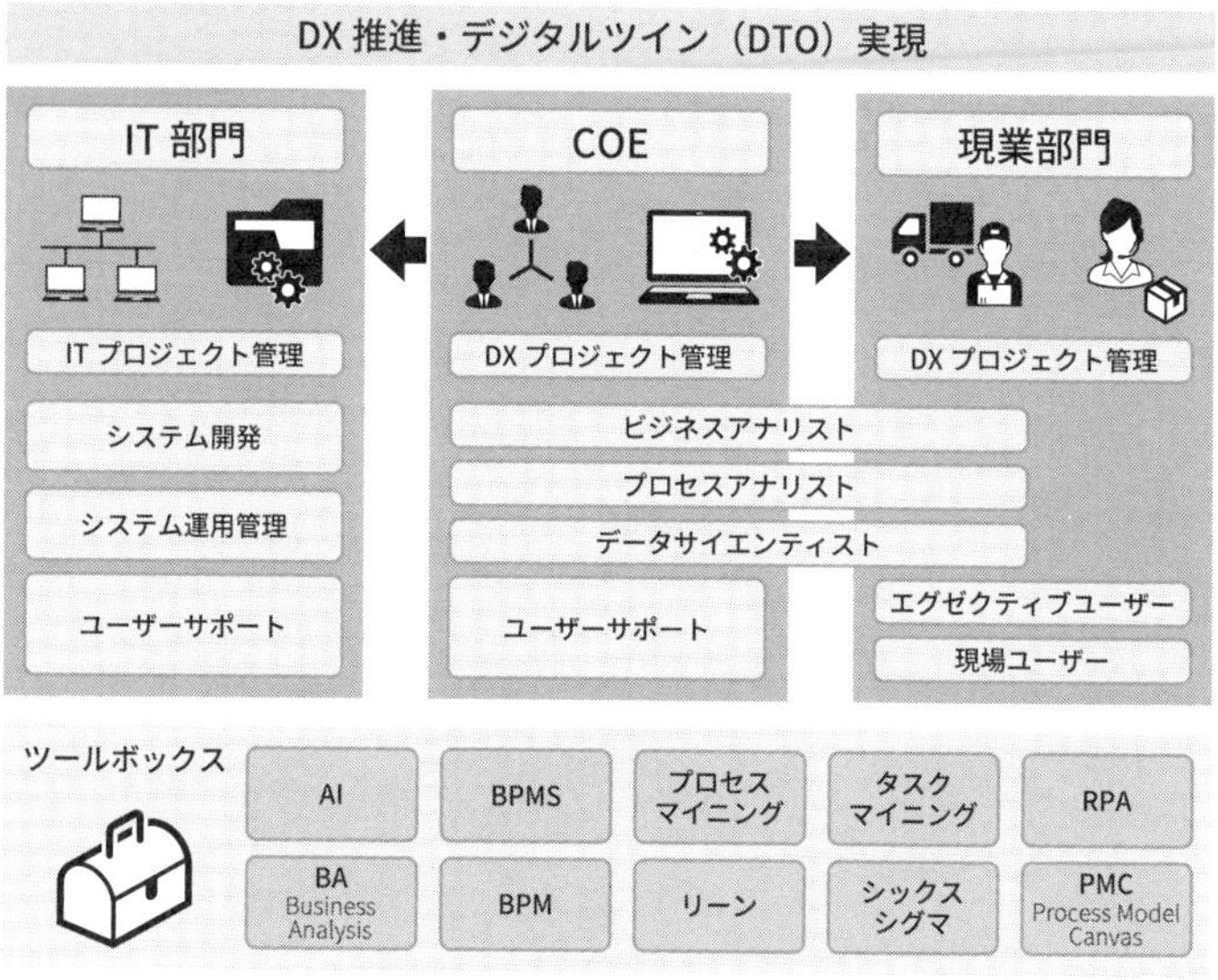

●ビジネスアナリスト

ビジネスとＩＴの両方の知識を有し、ＩＴによる業務プロセス改善施策の展開を企画、指揮します。改善施策出しのためのツールとして、ＢＡ、ＢＰＭ、リーン、シックスシグマ、ＰＭＣなどを使いこなします。

●プロセスアナリスト

プロセスマイニング、タスクマイニングツールを使い、データ分析に基づく問題点の発見、根本原因分析を行い、改善施策に結び付く示唆（インサイト）を提示します。

●データサイエンティスト

ＩＴ部門のエンジニアと連携しながら、ＩＴシステムからの分析対象データの抽出やデータクリーニングなどのデータ前処理作業を担当します。

ＤＸ推進、デジタルツイン実現の主要ツール

現状を把握し、問題点を特定し、根本原因分析を行って改善施策を打ち出す、あるいは新たな業務プロセスを設計するためにはさまざまな知識体系・ツールを活用しなければなりません。

代表的なツール・手法としては次のものが挙げられます。

・ＢＡ（*Business Analysis*）
・ＢＰＭ（*Business Process Management*）
・リーンマネジメント
・シックスシグマ
・ＰＭＣ（*Process Model Canvas*）

前述したようにこうしたツールはビジネスアナリストが身に付けておくべきものです。また、改善のためのＩＴツール、テクノロジーとしては次のようなものがあります。

・ＡＩ（人工知能）
・ＢＰＭＳ
・プロセスマイニング
・タスクマイニング
・ＲＰＡ

ＣＯＥのメンバーは、これらのテクノロジーやツールについて知識を深めるとともに、技術の進展が速いため、常に最新動向をウォッチしておくことが求められます。

11章

プロセス監視

ビジネスプロセスは理想プロセスが構築できれば終わりではありません。改善後も、再び逸脱やコンプライアンス違反などが起きるものです。プロセスマイニングツールはプロセス監視にも有益な機能を提供しています。関係者が日々閲覧するような各種ダッシュボードの作成が有効です。

1 プロセス監視の目的

プロセス監視は、現状プロセスを改善し、理想プロセスへと移行した後のフェーズです。プロセス監視は、詳しくは監視（モニタリング）と制御（コントローリング）で構成されています。プロセス監視の目的は大きくは3つあります。1つはBefore/Afterの改善効果を検証することです。旧プロセスと比較して、新プロセスではどれだけスループットが短縮できたか、また、どれだけコストが削減できたか、といった全体的な改善成果に加えて、非効率な箇所がどれだけ改善されたか、ボトルネックは解消されたか、繰り返し業務が減ったか、といった多面的な検証を行います。

2つ目の目的は、改善後の新プロセスに沿って行われている業務がまた新たな問題を生み出していないか、手順通り行われており、逸脱が発生していないかなど、新プロセスを継続的に監視することです。

3つ目の目的は、新プロセスで処理されている案件に問題が生じた場合に、その問題をただちに発見して適切な対応を行う、あるいはこのままでは納期遅延など、好ましくない結果になりそうだと予測できる場合には、事前に問題発生の芽を摘むような手を打つことです。これは継続的改善を実現することであり、「リアルタイムプロセスコントロール」と呼ぶことができるでしょう。

2 プロセス監視&制御方法

プロセス監視、および制御のためには、当該プロセス運用のために利用している業務システムからのデータを抽出して、しかるべき分析を行うことが前提です。ここで、抽出するデータには次の2種類があります。

- **イベントストリーム**
- **データベースログ**

イベントストリームとは、業務システムが操作されるたびに生み出されるデータをそのままリアルタイム、あるいはリアルタイムに近い頻度（1日1回など）で分析ツールに流し込むデータです。

一方、データベースログは、すでに完了しているプロセスについてのシステム操作履歴をログとしてDBからまとめて抽出するものです。プロセスマイニングの分析のために用いる「イ

図11-1　性質の異なる2つのデータの目的と用途

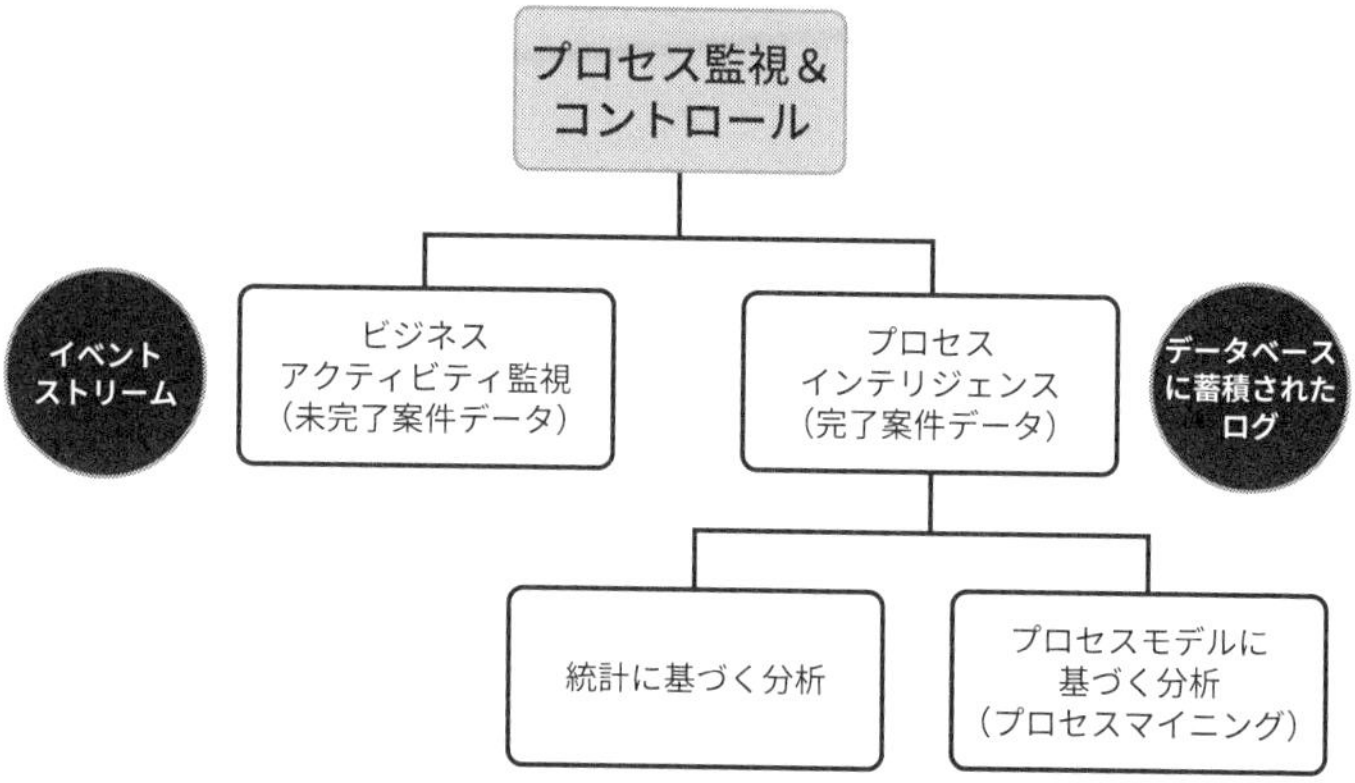

出典：Fundamentals of Business Process Management Second Edition, Marlon Dumas et al, Springer, 2018（和訳は筆者）

ベントログ」は、基本的にこのデータベースログ（しばしば「トランザクションデータ」と呼ばれる）から作成する分析用データです。

この性質の異なる2つのデータそれぞれは**図11－1**に示すように目的・用途が異なります。イベントストリームのデータは、「ビジネスアクティビティ監視」に用いられ、文字通り、日々の業務プロセスが所定の手順通りに行われているかをリアルタイムに監視し、問題があれば、関係者にアラートを出す、といったことを行います。プロセスマイニングツールでも、「ビジネスアクティビティ監視」が可能なものもあり、いわゆる「運用サポート」の機能を備えているということになります。

データベースログを用いる監視・制御は、「プロセスインテリジェンス」の機能として活用されます。過去のデータですので、統計的な集計・分析を行うことが可能。すなわち、分析対象プロセスの平均・最大・最小・中央スループットを算出したり、ヒストグラムで分布を分析したり、といったことができます。

またプロセスマイニングツールで「プロセスモデル」を作成して、現状プロセスを見える化し、非効率な箇所、ボトルネックが発生している箇所などの問題点を洗い出します。

3 プロセス監視・制御のための分析次元

プロセス監視・制御を適切に行うためにどのようなデータをどのような視点で分析するかについて解説しましょう（図11－2）。

●視点（Perspective）

視点としては、大きくはコントロールフロー、リソース、アーティファクトがあります。

●コントロールフロー

コントロールフローは、業務の流れを意味します。コントロールフローには、次の2つの分析視点があります。

・プロセス：何らかの価値を生み出す起点と終点のあるプロセス全体の視点
・アクティビティ：プロセスを構成する個々の活動の視点

図11-2　データ分析視点の一例

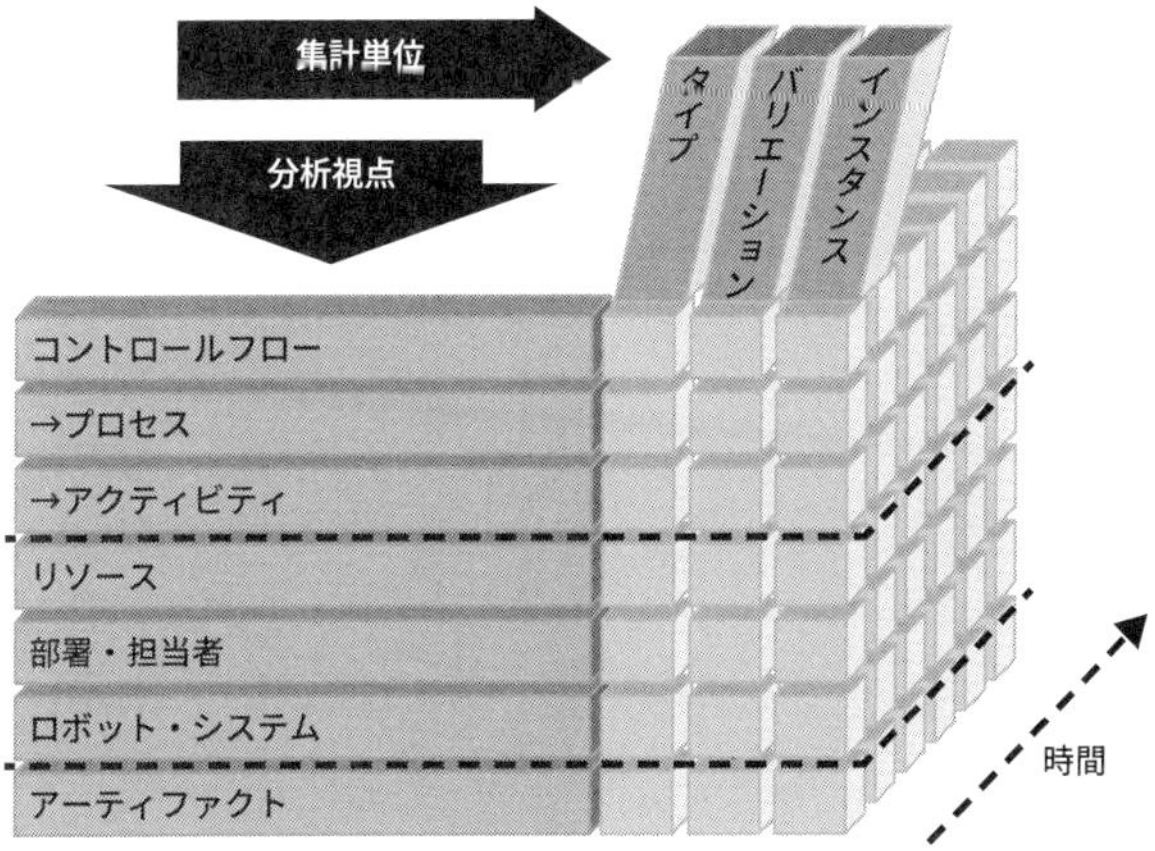

出典：Fundamentals of Business Process Management Second Edition, Marlon Dumas et al, Springer, 2018（和訳は筆者）

●リソース

リソースとはプロセスを遂行するために投下される資源です。基本的には、当該プロセスに従事する部署・担当者＝「人間」ですが、製造機械や、ＲＰＡによって一定の手順を自動的に実行するボットなど＝「非人間」もリソースに含まれます。

●アーティファクト

アーティファクトは、プロセスにおいて処理の対象となるもの、処理の過程において扱われるさまざまなオブジェクトであり、調達プロセスを例に挙げると、見積依頼書、発注書のような書類や、納品物などがアーティファクトです。

●集計単位（Aggregation）

以上の視点に対して、どのような次元で集計・分析するか、というところですが、次の3つの切り口があります。

●タイプ

調達プロセス（P2P）、受注プロセス（O2C）、配送プロセスなど、ひとまとまりのプロセス別に分析する視点です。バリューチェーンで整理したプロセス構造のそれぞれの構成要素がこのタイプです。

●バリエーション（パターン）

同じプロセスでも、状況によって手順が変わったり、例外処理が発生したりするなど、さまざまなバリエーションがあります。プロセスマイニングでは「バリアント分析」の対象となるものです。

● インスタンス（ケース）

あるプロセスで処理される（された）一つ一つのケース（案件）についてケーススタディ的に細かく分析することも有効です。特に、例外処理が発生するケースなど、全体集計を見ているだけではわからない、思わぬ問題点を発見できることがあります。

4 分析ダッシュボードの作成・活用

ビジネスプロセスを継続的にモニタリングするためには、プロセスマイニングやBI、BPMSなどの各種ツールのダッシュボード機能を活用し、さまざまな数値を各種グラフ、表で配置したダッシュボードを作成、運用します。

本項では、どのようなダッシュボードを作成すべきかについて解説します。具体的な作成方法は、それぞれのツールのマニュアルを参照、またカスタマーサポートに相談してください。

さて、ダッシュボードには次の3種類があります。

- **オペレーショナルダッシュボード**
- **タクティカルダッシュボード**
- **ストラテジックダッシュボード**

図11-3 セロニス EMS（Execution Management System）：オペレーショナルダッシュボード画面イメージ

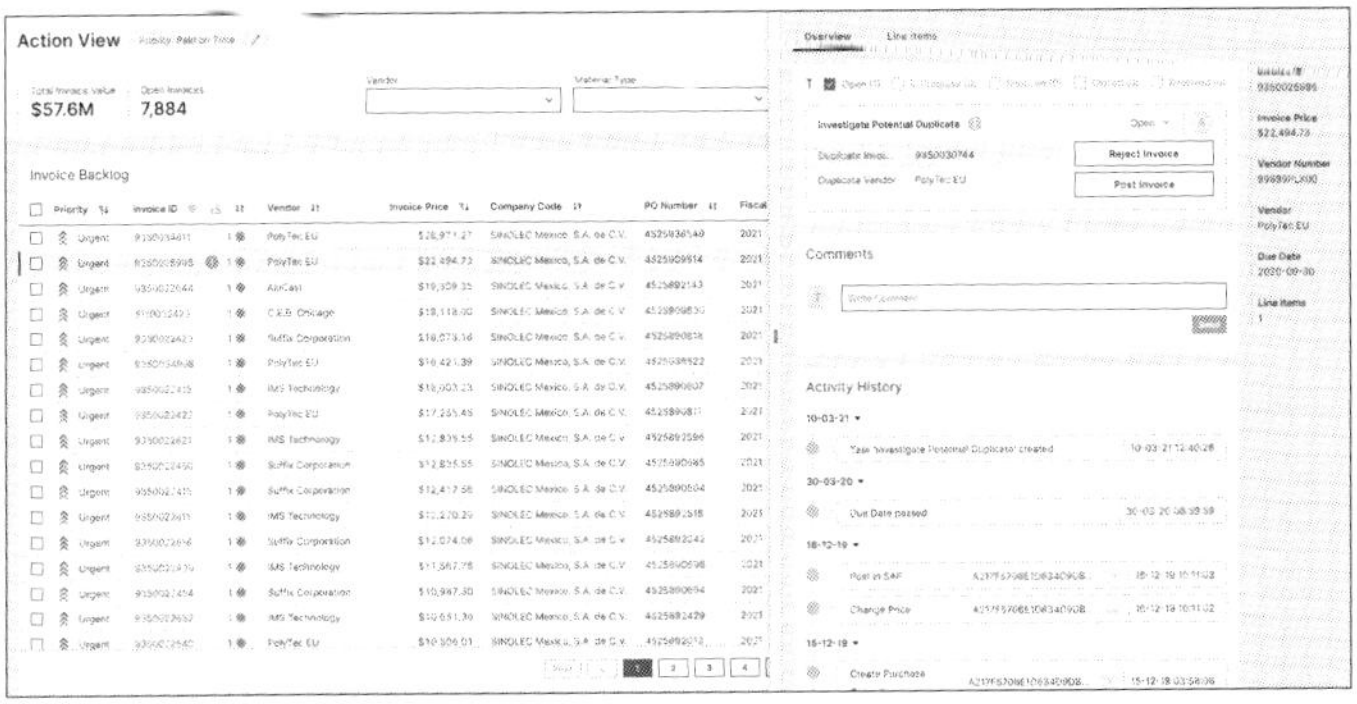

▼オペレーショナルダッシュボード―― Operational Dashboard

オペレーショナルダッシュボードの主な閲覧者は、現場担当者、すなわち実際にプロセスを遂行している人々です。オペレーショナルダッシュボードが表示するのは、現在仕掛中の未完了案件です。今走っている案件の状況をリアルタイムで分析し、標準手順とは異なる逸脱や、コンプライアンス違反とみなされる手順を探知したり、予測分析機能を用いて、このまま放置すれば納期遅れになる可能性が高い案件を発見したり、といった短期的な改善施策を打つために活用されます（**図11―3**）。

オペレーショナルダッシュボードは、プロセスマイニングツールであれば、運用サポート機能として実装できるものがあります。また、ＢＰＭＳでワー

図11-4　アビータイムライン：タクティカルダッシュボード画面イメージ

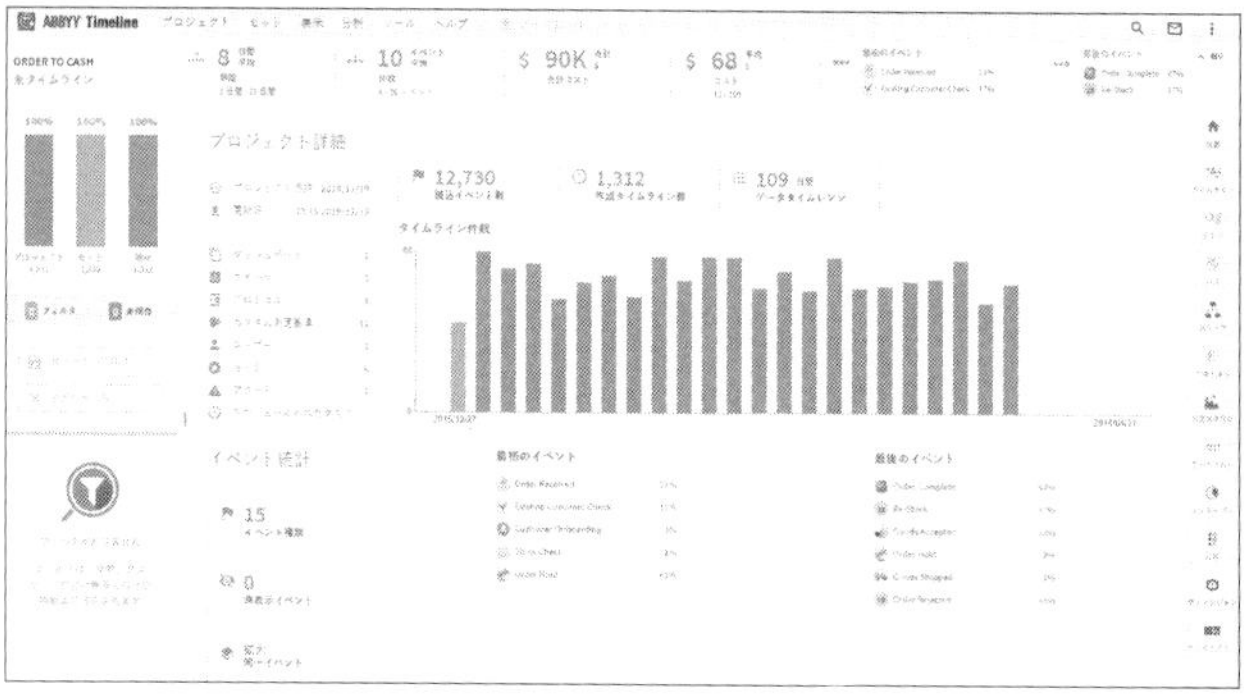

クフローを組みこんでいれば、同じくリアルタイムでのプロセス進捗管理のためのオペレーショナルダッシュボードが作成可能です。

▼タクティカルダッシュボード――Tactical Dashboard

タクティカルダッシュボードは、現場を監督するマネージャー、プロセスオーナーと呼ばれる責任者が主に閲覧するものであり、基本的にはすでに完了した案件について1年、半期、四半期などの集計単位で統計的な分析結果を示します（**図11‐4**）。

いわゆるプロセスＫＰＩのような指標について前年同期比、前期比を示したり、目標値やＳＬＡ（*Service Level Agreement*）として取り決めた数値との乖離を示したりすることで、プロセスパフォーマンスを評価します。

現場監督者やプロセス責任者は、タクティカルダッシュボードをさまざまな視点で検証することで問題の所在をとらえ、根本原因を追求します。短期的というよりも、中長期的な改善・改革施策を立案、実行することになります。

タクティカルダッシュボードは、プロセスマイニング、BI、BPMSのどのツールでも作成可能ですが、プロセスの手順を詳しく検証するためにはプロセスマイニングツールのプロセス発見機能を用いることが最も有効でしょう。

▼ストラテジックダッシュボード —— Strategic Dashboard

ストラテジックダッシュボードは、主に事業部長以上、社長も含む役員クラスが閲覧し、企業戦略に沿った事業活動が行われているかを確認、必要な軌道修正を行うためのものです。

ストラテジックダッシュボードでは個別のプロセスの詳細な数値ではなく、売上・利益、費用構造や、顧客満足度など、全体的なパフォーマンスの良し悪しを端的に表すKPIの数値を示した図表を並べたものです。しばしば、「バランススコアカード」のような枠組みに準拠した形で作成されます。

バランススコアカードは、財務、顧客、ビジネスプロセス、学習と成長の４つの視点で構

図11-5　バランススコアカードの概要

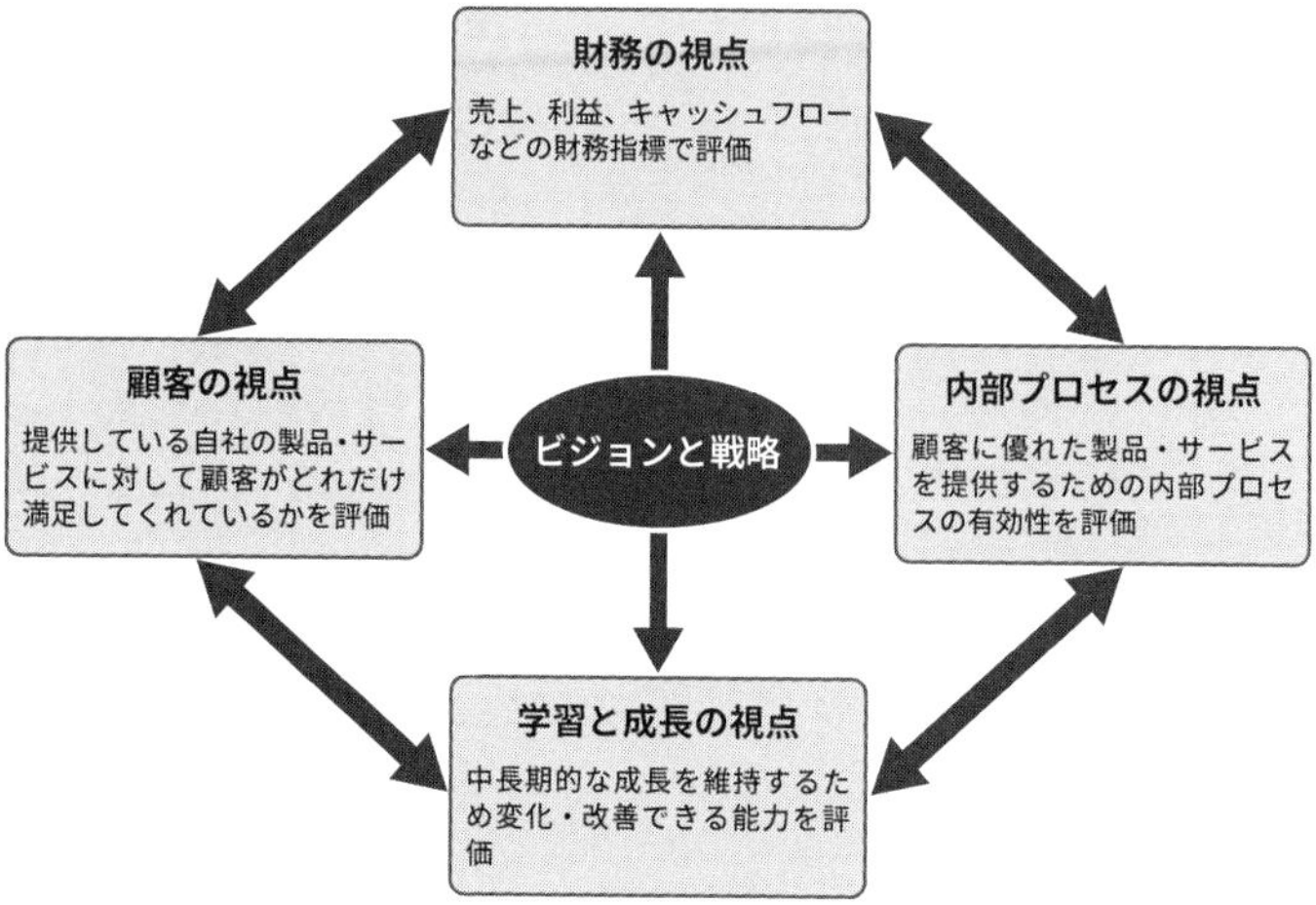

成され、それぞれの視点でいくつかのＫＰＩを設定して会社全体のかじ取りを行うものです（**図11－5**）。

ストラテジックダッシュボードに表示する各視点のＫＰＩの設定例を次に示します。

財務の視点

・売上
・利益率
・ＲＯＥ

顧客の視点

・顧客満足度
・ＮＰＳ（*Net Promotor Score*）
・リピート率
・離反率

内部プロセスの視点

・スループット（サイクルタイム）

・処理費用

・納期遵守率

・リソース稼働率

学習と成長の視点

・資格保有者数

・トレーニング修了者数

あとがき

本書では、プロセスを対象とするデータ分析手法としてのプロセスマイニングの歴史から、分析対象データであるイベントログの特徴などの解説を踏まえて、主要な分析アプローチ（プロセス発見、適合性検査、プロセス強化、運用サポート）を概説しました。

さらに、プロセス改善・改革を目的とする取り組みにプロセスマイニングを活用するに当たって、ＢＰＭ（*Business Process Management*）の枠組みに基づいて、既存のさまざまな方法論も紹介しつつ、プロセスマイニングの使いどころを説明しています。

プロセスマイニングは、現状プロセスを把握するための業務分析の１つであり、またデータ分析です。プロセスに関わるデータが何らかの形で生成され、蓄積されていなければ、そもそもプロセスマイニングを適用することができません。

現実のプロセス改善・改革の取り組みにおいては、まだまだ業務システムを用いず、エクセルなどのオフィスソフトによる作業や、電話、ＦＡＸなどを含む手作業がプロセスに含まれているため、プロセスマイニングだけではプロセスの全貌を明らかにすることはできません。

したがって、プロセス改善・改革のための大きな方法論であるＢＰＭの視点で、プロセスマイニングやタスクマイニングを含むさまざまな手法を適切に組み合わせて進めていく必要があります。ＢＰＭのなかにプロセスマイニングを位置付けてうまく活用するノウハウや標準手順はまだ発展途上ですので、本書も随時内容を更新していく必要性があるだろうと考えています。

お読みになった皆さまの忌憚のないご意見、ご批判をぜひお寄せください。

プロセスマイニング・イニシアティブ
代表　松尾 順

ニールセンジャパン、IT系シンクタンクでデータ分析スキルを学んだ後、ダイレクトマーケティング専門広告会社や、ネットベンチャー等で、主にマーケティング施策企画・運営、コンサルティング、施策の効果分析などに従事。
ビッグデータ分析、予測分析モデル等開発の実績も多数。

現在は、プロセスマイニング専門のコンサルタント＆データサイエンティストとして、ユーザー企業のプロセスマイニング導入・活用支援サービスを提供している。

プロセスマイニング・イニシアティブ
https://www.process-mining.jp/

本書の特設サイト
https://www.process-mining.jp/dx-pm-book/

DXに必須
プロセスマイニング活用入門《かつようにゅうもん》
ファクトベースの業務改善を実現する

発行日　2021年5月26日［初版発行］　〈検印省略〉

著者　松尾　順《まつおじゅん》
発行者　大矢 栄一郎
発行所　株式会社　白桃書房
〒101-0021　東京都千代田区外神田5-1-15
☎ 03-3836-4781　fax 03-3836-9370　振替 0010-4-20192
http://www.hakutou.co.jp/

印刷・製本　藤原印刷
 Printed in Japan　ISBN 978-4-561-24752-4　C0034